新能源汽车电机及传动系统拆装与检测

主　编　徐念峰
副主编　何泽刚

北京理工大学出版社
BEIJING INSTITUTE OF TECHNOLOGY PRESS

内 容 简 介

本书是天津职业技术师范大学汽车职业教育研究所组织编写的，教材采用基于工作过程的方法开发。内容以典型工作任务为载体进行组织，并融合了2019年全国职业院校技能大赛中职组新能源汽车检测与维修赛项的技能考核点，主要包括驱动电机检测与更换、减速驱动桥拆装与检测、高压电控总成认知与更换三个学习情境。每个情境下还包含若干学习单元，每个学习单元以实际工作任务进行导入，理论知识包含共性知识和个性知识，实践技能部分以2018款比亚迪e5 450为例。

本书适合于开设新能源汽车类专业的职业院校使用，也可以供新能源汽车技术培训机构使用，同时也可作为从事新能源汽车维修等相关行业人员的参考书。

版权专有　侵权必究

图书在版编目（CIP）数据

新能源汽车电机及传动系统拆装与检测 / 徐念峰主编 . —北京：北京理工大学出版社，2020.7（2022.6 重印）

ISBN 978-7-5682-8766-1

Ⅰ.①新… Ⅱ.①徐… Ⅲ.①新能源—汽车—电力传动系统—装配(机械)②新能源—汽车—电力传动系统—检测 Ⅳ.① U469.703

中国版本图书馆 CIP 数据核字（2020）第 133552 号

出版发行 / 北京理工大学出版社有限责任公司

社　　址 / 北京市海淀区中关村南大街5号

邮　　编 / 100081

电　　话 /（010）68914775（总编室）
　　　　　（010）82562903（教材售后服务热线）
　　　　　（010）68944723（其他图书服务热线）

网　　址 / http：//www.bitpress.com.cn

经　　销 / 全国各地新华书店

印　　刷 / 定州市新华印刷有限公司

开　　本 / 787毫米 × 1092毫米　1/16

印　　张 / 11.5

字　　数 / 270千字

版　　次 / 2020年7月第1版　2022年6月第2次印刷

定　　价 / 41.00元

责任编辑 / 孟祥雪
文案编辑 / 孟祥雪
责任校对 / 周瑞红
责任印制 / 边心超

图书出现印装质量问题，请拨打售后服务热线，本社负责调换

编写委员会

编委会顾问

　　吴全全　朱　军　王仁广　王　斌

编委会主任

　　申荣卫

编委会成员（按姓氏拼音排序）

　　包丕利　何泽刚　孔　超　台晓虹
　　徐利强　徐念峰　杨小刚　周　毅

前言

新能源汽车电机及传动系统拆装与检测是新能源汽车维修类专业针对新能源汽车机电维修工进行能力培养的一门专业核心课程,主要培养学生利用现代诊断仪器、检测设备和工具进行新能源汽车电机及传动系统的检测、拆装以及维修更换等专业能力。

本书采用"以行动为导向、基于工作过程"的课程开发方法进行开发,以新能源汽车电机及传动系统检修的典型工作任务为载体,梳理和序化理论知识,根据学生的认知规律设计了相应学习情境和项目,同时融合了2019年全国职业院校技能大赛中职组新能源汽车检测与维修赛项的技能考核点。

主要特点如下:以典型工作任务为载体,每个项目都有明确的学习目标;典型工作任务来源于新能源汽车机电维修工实际工作岗位,并进行了适当的教学化加工;理论知识按照典型工作任务的需求进行重新序化,理论和实践以典型工作任务为主线进行了有机融合;学习车型以2018款比亚迪e5 450为主,其他车型为辅,本书全部内容均在实车上进行了验证。

本书坚持"知行合一、工学结合",设计成新型活页式教材,匹配有活页式任务工单,并配套开发教学设计、教学课件、教学录像等信息化资源。同时为适应"互联网+职业教育"发展需求,运用现代信息技术改进教学方式方法,推进虚拟工厂等网络学习空间建设和普遍应用,作者团队天津职业技术师范大学汽车职业教育研究所,整体开发了包含操作录像、VR资源、教学动画等资源在内的"汽车专业课程及教学资源库平台"专业教学资源库。

本书适合于开设新能源汽车类相关专业的职业院校使用，也适用于各类培训机构使用，建议采用理实一体化的教学方式开展教学。

本书采用"校企双元"模式共同开发，由中国汽车工程学会汽车应用与服务分会徐念峰担任主编，天津交通职业学院何泽刚担任副主编，天津职业技术师范大学刘明成、龙岩技师学院汪运建、慈溪市锦堂高级职业中学童浩哲、成都汽车职业技术学校陈真及臧日华参与编写。

本书在编写过程中得到了天津闻达天下科技有限责任公司提供的资金、设备及技术支持，在此表示衷心的感谢！在编写过程中参考了大量国内外相关著作和文献资料，在此一并向有关作者表示感谢！

由于编者水平有限，难免有错漏之处，敬请读者批评指正。

编　者

目录

学习情境1 驱动电机检测与更换 …………………………………………… 1

任务1 动力传动系统认知 ………………………………………………… 2
一、纯电动汽车动力传动系统介绍 ……………………………………… 2
二、北汽纯电动汽车动力传动系统 ……………………………………… 4
三、比亚迪e5纯电动汽车动力传动系统 ………………………………… 4
四、电动汽车多齿比变速器 ……………………………………………… 5
五、比亚迪e5动力总成更换 ……………………………………………… 5

任务2 永磁同步电机检测 ………………………………………………… 11
一、电机驱动系统概述 …………………………………………………… 11
二、电磁转换基本原理 …………………………………………………… 12
三、直流电机基本构造 …………………………………………………… 13
四、电机基本工作原理 …………………………………………………… 15
五、永磁同步电机概述 …………………………………………………… 17
六、永磁同步电机结构 …………………………………………………… 18
七、永磁同步电机工作原理 ……………………………………………… 18
八、北汽EV160永磁同步电机结构 ……………………………………… 20
九、比亚迪e5永磁同步电机结构 ………………………………………… 25
十、驱动电机检测方法 …………………………………………………… 26
十一、永磁同步电机永磁转子安装形式 ………………………………… 29
十二、驱动电机的检修 …………………………………………………… 30
十三、比亚迪e5驱动电机的检测 ………………………………………… 32

任务3 永磁同步电机更换 ………………………………………………… 34
一、驱动电机基本概念 …………………………………………………… 34
二、电机的分类和特点 …………………………………………………… 35
三、驱动电机系统简介 …………………………………………………… 36
四、北汽EV160驱动电机系统 …………………………………………… 37
五、比亚迪e5驱动电机系统 ……………………………………………… 39
六、比亚迪e5驱动电机与其他部件的连接关系 ………………………… 41
七、驱动电机系统的术语和定义 ………………………………………… 42
八、比亚迪e5驱动电机更换 ……………………………………………… 44
九、比亚迪e5驱动电机拆装 ……………………………………………… 45

任务4 感应电机检测 ……………………………………………………… 48
一、感应电机基本概念 …………………………………………………… 48
二、感应电机的组成结构 ………………………………………………… 49
三、感应电机工作原理 …………………………………………………… 52
四、感应电机在纯电动汽车上的应用 …………………………………… 55
五、感应电机的调速与制动 ……………………………………………… 57
六、感应电机检修 ………………………………………………………… 58

学习情境2　减速驱动桥拆装与检测 …… 61

任务1　减速驱动桥认知 …… 62
一、电动汽车减速器概述 …… 62
二、北汽EF126B02减速器介绍 …… 63
三、北汽EF126B02减速器结构 …… 64
四、北汽EF126B02减速器与驱动电机的装配连接 …… 65
五、比亚迪e5纯电动汽车减速器介绍 …… 66
六、比亚迪e5纯电动汽车减速器内部结构 …… 67
七、比亚迪e5纯电动汽车减速器装配连接 …… 68
八、电驱动三合一驱动桥总成 …… 69
九、减速器润滑油更换 …… 70

任务2　减速驱动桥拆装与检测 …… 72
一、减速器故障处理 …… 72
二、比亚迪e5减速器结构 …… 73
三、比亚迪e5减速器的拆分与维修 …… 76
四、比亚迪e5动力总成维修说明 …… 84
五、减速机类型 …… 85
六、减速器拆装与检测 …… 85
七、减速器拆装与检测的部分说明 …… 87

学习情境3　高压电控总成认知与更换 …… 91

任务1　高压电控总成认知 …… 92
一、比亚迪e5高压电控总成介绍 …… 92
二、比亚迪e5高压电控总成外部接口介绍 …… 94
三、比亚迪e5高压电控总成内部模块介绍 …… 96
四、2018款比亚迪e5高压电控总成高压连接关系与低压接插件定义 …… 98
五、2019款比亚迪e5 450高压电控总成 …… 104
六、高压电控总成更换 …… 106

任务2　电机驱动冷却系统检修 …… 111
一、电机驱动冷却系统概述 …… 111
二、北汽EV160电机及控制器冷却系统介绍 …… 112
三、北汽EV160电动水泵结构 …… 114
四、北汽EV160电机及控制器冷却系统控制策略 …… 116
五、比亚迪e5电机驱动冷却系统介绍 …… 117
六、比亚迪e5冷却系统控制策略 …… 120
七、DC50B型新能源汽车电动水泵 …… 120
八、电动水泵更换 …… 122

任务3　电机控制器模块认知 …… 124
一、电机控制器概述 …… 124
二、电机控制器的结构组成 …… 127
三、电机控制器工作原理 …… 130
四、交流整流 …… 137
五、比亚迪e5 450电机控制器模块认知 …… 140

参考文献 …… 144

学习情境 1
驱动电机检测与更换

【学习目标】

1. 能通过与客户交流、查阅相关维修技术资料等方式获取车辆信息。

2. 能正确识读比亚迪 e5 450 维修手册。

3. 能识别动力传动系统内主要零部件并介绍各个部件的特点。

4. 能对动力总成进行更换。

5. 能识别永磁同步电机、感应电机主要零部件并介绍各个部件的特点。

6. 能对永磁同步电机、感应电机进行拆装与检测。

7. 能对永磁同步电机进行更换。

8. 能根据环保要求，正确处理对环境和人体有害的辅料、废弃液体和损坏零部件。

动力传动系统认知

任务导入

小王在新能源汽车某 4S 店工作，今天接了一辆比亚迪 e5 纯电动汽车，该车行驶中伴随不同车速，从底盘前部传来异响声，经检查师傅告诉小王需要将动力总成拆下检查，你知道如何安全、规范地拆装动力总成吗？

学习目标

1. 能通过与客户交流、查阅相关维修技术资料等方式获取车辆信息。
2. 能根据故障现象选择合适的维修手册。
3. 能正确识别动力传动系统内主要零部件并介绍各个部件的特点。
4. 能正确进行动力总成的更换。

理论知识

一、纯电动汽车动力传动系统介绍

动力传动系统是电动汽车最主要的系统，电动汽车运行性能的好坏主要是由其动力传动系统的性能决定的。纯电动汽车动力传动系统主要由驱动电机、减速驱动桥等组成。

纯电动汽车动力传动系统目前主要有 4 种基本典型结构，即传统的驱动方式、电动机 – 驱动桥组合式驱动方式、电动机 – 驱动桥整体式驱动方式、轮毂电动机分散驱动方式，如图 1-1-1 所示。

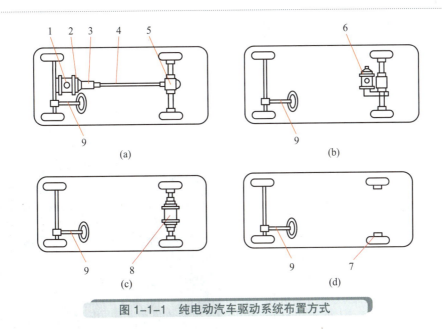

图 1-1-1 纯电动汽车驱动系统布置方式

（a）传统的驱动方式；（b）电动机－驱动桥组合式驱动方式；
（c）电动机－驱动桥整体式驱动方式；（d）轮毂电动机分散驱动方式
1—驱动电机；2—离合器；3—变速器；4—传动轴；5—驱动桥；6—电动机－驱动桥组合式驱动系统；
7—轮毂电机；8—电动机－驱动桥整体式驱动系统；9—转向器

（1）传统的驱动系统布置方式。

该驱动系统仍然采用内燃机汽车的驱动系统布置方式，包括离合器、变速器、传动轴和驱动桥等总成，只是将内燃机换成电动机，属于改造型电动汽车。这种布置方式可以提高纯电动汽车的起动转矩，增加低速时纯电动汽车的后备功率。这种驱动系统布置方式有电动机前置—驱动桥前置（F-F）、电动机前置—驱动桥后置（F-R）等驱动模式。但是，这种驱动系统布置方式结构复杂、效率低，不能充分发挥驱动电机的性能。在此基础上，还有一种简化的传统驱动系统布置形式，采用固定速比减速器，去掉离合器，这种驱动系统布置方式可减少机械传动装置的质量，缩小其体积。

（2）电动机—驱动桥组合式驱动系统布置方式。

这种驱动系统布置方式即在驱动电机端盖的输出轴处加装减速齿轮和差速器等，电动机、固定速比减速器、差速器的轴互相平行，一起组合成一个驱动整体。它通过固定速比减速器来放大驱动电机的输出转矩，但没有可选的变速挡位，也就省掉了离合器。这种布置方式的机械传动机构紧凑，传动效率较高，便于安装。但这种布置方式对驱动电机的调速要求较高。按传统汽车的驱动模式来说，可以有驱动电机前置—驱动桥前置或驱动电机后置—驱动桥后置两种方式。这种驱动系统布置方式具有良好的通用性和互换性，便于在现有的汽车底盘上安装，使用、维修也较方便。

（3）电动机—驱动桥整体式驱动系统布置方式。

这种驱动系统布置方式与发动机横向前置—前轮驱动的内燃机汽车的布置方式类似，把电动机、固定速比减速器和差速器集成为一个整体，两根半轴连接驱动车轮。电动机—驱动桥整体式驱动系统布置方式有同轴式和双联式两种。

（4）轮毂电动机分散驱动式驱动系统布置方式。

轮毂电动机直接装在汽车车轮里，主要有内定子外转子和内转子外定子两种结构。

二、北汽纯电动汽车动力传动系统

北汽EV160动力传动系统如图1-1-2所示，驱动电机与减速器通过螺栓连接在一起，再通过左侧、右侧和底部各3个固定螺栓共同固定在车身上，两侧的螺栓用来支撑电机及减速器的重量，底部的螺栓用来防止电机转动时产生旋转。驱动电机通过U、V、W三根高压动力线束和一束控制线束与电机控制器连接。减速器通过左右两根半轴将动力输出给左右两个前驱动轮。

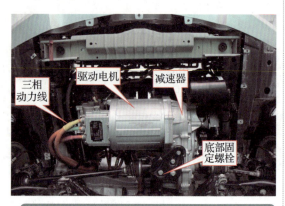

图1-1-2　北汽EV160动力传动系统

三、比亚迪e5纯电动汽车动力传动系统

比亚迪e5纯电动汽车动力传动系统如图1-1-3所示，驱动电机与变速器总成的重量为103 kg，驱动电机的最大输出功率为160 kW。匹配单挡变速器，总减速比为9.266，一级传动比为3.217，主减速传动比为2.880。单挡变速器采用浸油润滑方式，变速器润滑油量为1.85~1.95 L，变速器润滑油类型为齿轮油SAE75W-90，双向交流逆变电机控制器根据车辆当前状态及驾驶员的驾驶意图，向驱动电机输出一定频率和幅值的三相交流电，驱动电机产生转矩将动力传递到单挡变速器，动力经过单挡变速器中的一级减速后进入主减速器和差速器，动力再由差速器两个半轴齿轮传递到单挡变速器两侧的三枢轴式伸缩万向节。

图1-1-3　比亚迪e5纯电动汽车动力传动系统

> 拓展阅读

四、电动汽车多齿比变速器

单速变速器也称为单级减速器,这种变速器不用换挡,也不能通过换挡提高电动汽车速度。现在市面销售的纯电动汽车例如:特斯拉、宝马i3、北汽电动车、比亚迪e5、帝豪EV、腾势、江淮iEV5等都采用单级减速器与电机配合使用。其优点为:成本低、结构简单易安装、故障率低、动力损失小、体积小。缺点是:当电动汽车的速度较高时,电机转速很高,输出力矩较小,不足以维持电动汽车高速行驶,严重影响电动汽车中后段加速性能和最高时速。

Drive System Design 公司研发了一款多齿比变速器,实现了商业化应用,如图1-1-4所示。它不仅可以提高电动汽车最高车速,还可将电动汽车续航里程提升最多至15%。

图1-1-4 电动汽车多齿比变速器

> 实践技能

五、比亚迪e5动力总成更换

开始作业前,穿戴好工服、绝缘鞋,做好车辆内外防护工作,防止弄脏、损坏或腐蚀车辆。按照规范流程完成车辆下电操作,放掉驱动系统冷却液,拆下高压电控总成,如图1-1-5所示。

  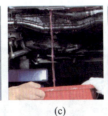 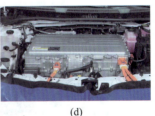

(a) (b) (c) (d)

图1-1-5 准备工作

(a)关闭钥匙,断开蓄电池负极;(b)拔下维修开关;(c)放掉驱动系统冷却液;(d)拆下高压电控总成

拆卸动力总成外围部件或线束,如图1-1-6~图1-1-19所示。

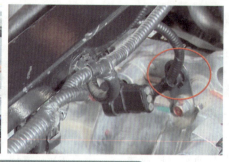

图 1-1-6　拆下车速传感器插头及线束固定卡扣

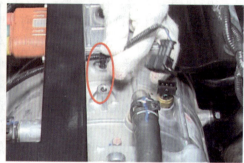

图 1-1-7　拆下驱动电机冷却液温度传感器插头及线束固定卡扣

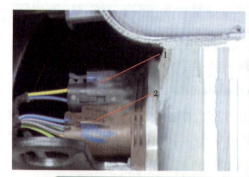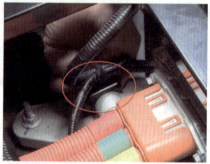

图 1-1-8　拆下驱动电机旋变传感器和温度传感器插头及线束固定卡扣
1—驱动电机温度传感器插头；2—驱动电机旋变传感器插头

图 1-1-9　拆下驱动电机冷却液出水管固定卡箍

图 1-1-10　拆下驱动电机搭铁线束固定螺栓

图 1-1-11　拆下电动水泵和空调管路固定支架螺栓

图 1-1-12　拆下电动真空泵三个固定螺栓并悬挂

图 1-1-13　拆下驱动电机右侧固定支架上部一个固定螺栓，举升车辆后用铁丝悬挂电动压缩机

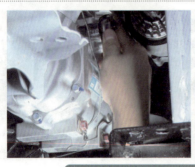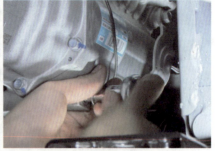

图 1-1-14　拆下电动压缩机四个固定螺栓

图 1-1-15　降下车辆后分别拆下左前轮、右前轮轮毂装饰盖，撬起半轴螺母锁片，拆下半轴螺母

图 1-1-16　拆下左前、右前轮胎

图 1-1-17　拆下右前轮制动油管支架固定螺栓、右前轮轮速传感器

图 1-1-18　拆下右前轮减震器两个固定螺栓、转向横拉杆球头螺栓防松锁销

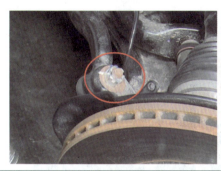

图 1-1-19　拆下转向横拉杆球头固定螺栓，拔出右侧半轴球笼，固定制动盘与减震器

按同样操作方法拔出左侧半轴球笼，举升车辆，拔出左右半轴，如图 1-1-20 所示。

图 1-1-20　拔出左右半轴

将举升托盘千斤顶从下部顶住动力总成，旋松驱动电机右侧支架 3 个固定螺栓，如图 1-1-21 所示。

图 1-1-21　托盘千斤顶从下部顶住动力总成，旋松驱动电机右侧支架 3 个固定螺栓

旋松减速器左侧支架的3个固定螺栓、旋松减速器后侧支架的3个固定螺栓，如图1-1-22所示。

图1-1-22　旋松减速器左侧支架的3个固定螺栓、旋松减速器后侧支架的3个固定螺栓

拆下旋松的9个固定螺栓，拆下车身底部加强支架及固定螺栓，拆下减速器后侧支架固定螺栓，如图1-1-23所示。

图1-1-23　拆下车身底部加强支架及固定螺栓，拆下减速器后侧支架固定螺栓

取下减速器后侧支架，缓慢降下托盘千斤顶，观察是否有管路及线束阻碍动力总成下降，如图1-1-24所示。

图1-1-24　取下减速器后侧支架，缓慢降下托盘千斤顶

动力总成拆卸完成，按相反顺序安装动力总成即可。

单元小结

1. 动力传动系统是电动汽车最主要的系统，电动汽车运行性能的好坏主要是由其动力传动系统的性能决定的。纯电动汽车动力传动系统主要由驱动电机、减速驱动桥等组成。

2. 电动机—驱动桥组合式驱动系统布置方式，即在驱动电机端盖的输出轴处加装减速齿轮和差速器等，电动机、固定速比减速器、差速器的轴互相平行，一起组成成一个驱动整体。

3. 整车装配半轴时，需保证半轴中心平行于减速器差速器中心，防止半轴碰伤或损坏差速器油封，同时半轴上的卡圈应与减速器差速器半轴齿轮上的卡圈槽连接定位。

任务2 永磁同步电机检测

永磁同步电机检测

任务导入

小王在新能源汽车某4S店工作,今天接了一辆车,师傅检查后发现驱动电机性能异常,师傅拆下驱动电机后告知小王对其进行性能测试,你知道如何安全、规范地对驱动电机进行检测吗?

学习目标

1. 能通过与客户交流、查阅相关维修技术资料等方式获取车辆信息。
2. 能根据故障现象选择合适的维修手册。
3. 能根据维修手册或国家相关标准对永磁同步电机进行检测。
4. 能正确使用安全防护套装及检测仪器、工具。

理论知识

一、电机驱动系统概述

电机驱动系统一般由电机、电机控制器(功率变换器)等组成,如图1-2-1所示。电机是以磁场为媒介进行电能和机械能互相转换的电磁装置,在电动汽车驱动过程中作为电动机运行,将动力电池中存储的电能转换为机械能驱动车辆运行;在制动或减速过程中作为发电机运行,将机械能转化为电能存储在动力电池中。电机控制器(功率变换

图1-2-1 电机与电机控制器

1—电机;2—电机控制器

器）输出特定的电压和电流调节电机的运行以产生所需的转矩和转速。在能量变换过程中存在电能、机械能和磁场能量损失，这会影响能量转换效率，但是一般来说电机的能量转换效率都要远远高于其他设备的能量转换效率。

相对于内燃机来说，电机的主要优势在于它可以在低速运行时提供较大的峰值扭矩并且可以短时间内提供额定功率2倍以上的瞬时功率，这些可以给车辆带来出色的低速加速性能，在减速或制动时还可以实现再生制动，同时在低速行驶范围电机的能量转换效率远远高于内燃机，所以电动汽车在低速及中低速行驶时在能源利用效率和加速性能方面明显优于内燃机汽车。

二、电磁转换基本原理

所有的电机在电动运行时将电能转换为机械能，在发电时将机械能转化为电能。同一台电机既可以作为电动机也可以作为发电机，而只需要相应改变控制算法，必须指出，虽然功率转换的可逆性是一切电机的普遍原理，但在电机设计和控制上是有所偏重的。

电机是指依据电磁感应原理实现电能的生产、传输和使用的能量转换机械。

电生磁是奥斯特发现的，其现象是通电导体周围存在磁场。电和磁是不可分割的，它们始终交织在一起，简单地说，就是电生磁、磁生电。

如果一条直的金属导线通过电流，那么导线周围的空间将产生圆形磁场，如图1-2-2所示，导线中流过的电流越大，产生的磁场越强。磁场呈圆形，围绕导线周围。磁场方向可以依据"右手螺旋定则"（又称安培定则）来确定：将右手拇指伸出，其余四指并拢弯向掌心。这时，四指的方向为磁场方向，拇指的方向是电流方向，如图1-2-2所示。这种直导线产生的磁场类似于在导线周围安置了一圈N、S极首尾相接的小磁铁的效果，图1-2-2中的黑点代表电流流出的方向。

左手定则（又称电动机定则）：伸出左手，使拇指与其余四个手指垂直，并且都与手掌在同一平面内，让磁感应线从掌心进入，并使四指指向电流的方向，这时拇指所指的方向就是通电导线在磁场中所受安培力的方向，如图1-2-3所示。

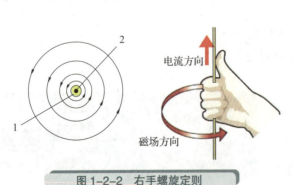

图1-2-2 右手螺旋定则
1—电线；2—电流方向跳出纸面

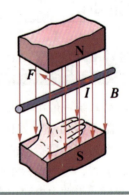

图1-2-3 电动机与发电机作用

三、直流电机基本构造

直流电机的基本构造如图1-2-4所示。电枢铁芯是由硅钢片层层叠加而成的，磁轭是硅钢片垒叠制成的轭铁，它均匀对称分布在感应磁场的四周，它的作用是约束感应磁场漏磁向外扩散，提高感应磁场的磁通效率。通过磁轭，可以把通电线圈和永磁体产生的磁力线传到需要的地方，类似电路中导线的作用，从而在需要的地方产生磁场。

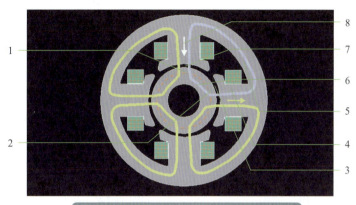

图1-2-4 直流电机的基本构造

1—电枢齿1；2—电枢齿2；3—气隙2；4—主磁极2；5—定子轭；6—电枢轭；7—气隙1；8—主磁极1

通电线圈会产生磁场，运用右手定则，右手食指方向为电流方向，右手握住线圈，沿拇指方向产生了向下的磁力线，由于线圈绕在磁极上，磁力线由磁极通过转子的电枢铁芯，再通过磁轭构成了一个闭合的磁力回路。

直流电机由静止的定子和旋转的转子两大部分组成，在定子和转子之间有一定大小的间隙（称气隙）。

1. 定子

直流电机定子的作用是产生磁场和作为电机的机械支撑。其主要由机座（底脚）、主磁极、换向极等组成，如图1-2-5所示。

（1）机座。

机座兼起机械支撑和导磁磁路两个作用。它既用来作为安装电机所有零件的外壳，又是联系各磁极的导磁铁轭。机座通常为铸钢件，也有采用钢板焊接而成的。

（2）主磁极。

主磁极是一个电磁铁，由主磁极铁芯和励磁绕组两部分组成。主磁极铁芯一般用1~1.5 mm厚的薄钢板冲片叠压后再用铆钉铆紧成一个整

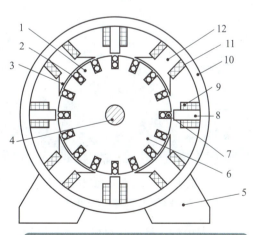

图1-2-5 直流电机定子结构

1—电枢齿；2—电枢槽；3—极靴；4—转轴；5—底脚；6—电枢铁芯；7—电枢绕组；8—换向极铁芯；9—换向极绕组；10—定子磁轭；11—励磁绕组；12—主磁极铁芯

体。小型电机的励磁绕组用绝缘铜线绕制而成，大中型电机励磁绕组用扁铜线绕制，并进行绝缘处理，然后套在主磁极铁芯外面。整个主磁极用螺钉固定在机座内壁。

（3）换向极。

换向极又称为附加极，它装在两个主磁极之间，用来改善直流电机的换向。换向极由换向极铁芯和换向极绕组构成。换向极铁芯大多用整块钢加工而成。但在整流电源供电的功率较大电机中，为了更好地完善电机换向，换向极铁芯也采用叠片结构。换向极线圈与主极线圈一样也是用圆铜线或扁铜线绕制而成，经绝缘处理后套在换向极铁芯上，最后用螺钉将换向极固定在机座内壁。

（4）电刷装置。

电刷装置的作用是通过电刷与换向器表面的滑动接触，把转动的电枢绕组与外电路相连。电刷装置一般由电刷、电刷盒、刷辫、压簧、电刷座等部分组成，如图1-2-6所示。电刷一般用石墨粉压制而成。电刷放在电刷盒内，用压簧压紧在换向器上，电刷盒固定在电刷座上，成为一个整体部件。

2. 转子

转子又称电枢，主要由换向器、主轴、转子铁芯和转子绕组组成。

（1）换向器。

换向器的作用是机械整流，即在直流电机中，它将外加的直流电逆变成绕组内的交流电流；在直流发电机中，它将绕组内的交流电势整流成电刷两端的直流电势。直流电机电刷换向器的结构如图1-2-7所示。

图1-2-6　直流电机电刷装置

1—刷辫；2—压簧；3—电刷；4—电刷盒；5—电刷座

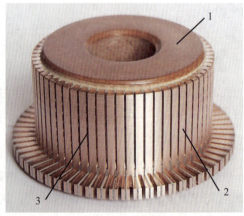

图1-2-7　直流电机电刷换向器的结构

1—绝缘套筒；2—换向片；3—绝缘缝隙

换向器由许多换向片组成，换向片间的缝隙用云母片绝缘。换向片凸起的一端称升高片，用以与转子绕组端头相连，换向片下部做成燕尾形，将绝缘套筒、换向片与绝缘缝隙紧固成一个整体，最后将换向器压装在主轴上。

（2）主轴。

主轴的作用是传递转矩，一般用合金钢锻压而成。

（3）转子铁芯。

转子铁芯是电机磁路的一部分，也是承受电磁力作用的部件。转子在磁场中旋转时，在转子铁芯中将产生涡流和磁滞损耗，为了减小这些损耗的影响，转子铁芯通常用0.5 mm厚的电工钢片叠压而成，转子铁芯固定在主轴上。沿铁芯外圈均匀地分布有槽，在槽内嵌放转子绕组。直线电机转子如图1-2-8所示。

（4）转子绕组。

转子绕组的作用是产生感应电势和感应电流产生电磁转矩，实现机电能量转换。它是直流电机的主要电路部分。转子绕组通常都用圆形或矩形截面的导线绕制而成，再按一定规律嵌放在转子槽内，如图1-2-8所示，上下层之间以及转子绕组与铁芯之间都要妥善地绝缘。为了防止离心力将绕组甩出槽外，槽口处需要将绕组压紧，伸出槽外的绕组端接部分用无维玻璃丝带绑紧。绕组端头按一定规律嵌放在换向器钢片的升高片槽内，并用锡焊或氩弧焊焊牢。

图1-2-8　直流电机转子

1—主轴；2—转子绕组；3—换向器；4—嵌线槽；5—转子铁芯

四、电机基本工作原理

直流电机是直流发电机和直流电动机的总称。直流电机具有可逆性，既可以作直流发电机使用，也可作直流电动机使用。作为发电机使用时，将机械能转换成直流电能输出；作为电动机使用时，则将电能转换成机械能输出。

N、S为定子上固定不动的两个主磁极，主磁极可以采用永久磁铁，也可以采用电磁铁，在电磁铁的励磁线圈上通以方向不变的直流电流便形成一定极性的磁极，如图1-2-9所示。

在两个主磁极N、S之间装有一个可以转动的线圈，线圈首末两端分别连接到换向器上。线圈与换向器固定在一起随主轴转动，换向器中间分成了两部分，分别与电刷A和电刷B滑动接触。

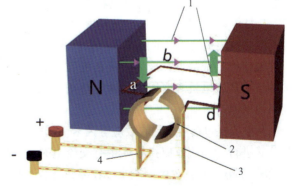

图1-2-9　电机工作原理

1—磁力线；2—换向器；3—电刷B；4—电刷A

电刷 A 与电源正极连接，电刷 B 与电源负极连接。线圈位于图示中的位置时，线圈瞬时电流的流向为电源正极→电刷 A→换向器→a→b→c→d→换向器→电刷 B→电源负极。

根据电磁力定律，载流导体 ab、cd 都受到电磁力的作用，其方向如图 1-2-9 中箭头方向。导体所受电磁力的方向用左手定则确定，在此瞬时，ab 位于 N 极下，受力方向向下，cd 位于 S 极下，受力方向向上，电磁力对主轴和线圈形成了电磁转矩，线圈与主轴将进行逆时针旋转。

当线圈转到 90° 时，电刷不与换向器接触，而与换向器之间的绝缘缝隙接触，此时线圈中没有电流流过，但由于机械惯性的作用，线圈仍能转过一个角度，电刷 A、B 又将分别与换向器对向的部分接触，线圈中又有电流流过，此时导体 ab、cd 中的电流改变了方向，线圈仍然受到逆时针方向电磁转矩的作用，线圈适中保持同一方向旋转。

电机能量转换对应两个电机基本定律：一个是电磁感应定律，导体切割磁感线，导体两端产生感应电动势，电动势的大小与线圈匝数、磁通量的变化率成正比；另一个是安培力定律，通电导体在磁场中受力，受力的大小与导体长度、电流大小、磁场强度成正比，力的方向可用左手定则判断。

直流电机、交流异步电机和永磁同步电机转矩的产生都基于该原理；开关磁阻电机基于磁阻最小原理工作。

以直流电机为例，在直流电机中导体形成一个线圈，如图 1-2-10 所示，A 端连接正电极，B 端连接负电极，定子磁极 N 级位于线圈上部，S 级位于线圈下部，磁场方向从上向下，由于线圈通电，根据左手定则，a-b 段线圈受到向左的电磁力，c-d 段的线圈受到向右的电磁力，整个转子线圈在电磁力作用下随之旋转产生机械能。直流电机中，换向器随着线圈共同转动，电刷可持续为线圈供电，线圈能持续产生转矩旋转。

电机进行能量转换时存在能量损耗，主要有铜损、机械损耗、铁芯损耗、杂散损耗四种。电枢绕组铜导线存在电阻，电流流过时产生的损耗为 I^2R（简称铜损），铜损的大小与电流和绕组损耗有关。

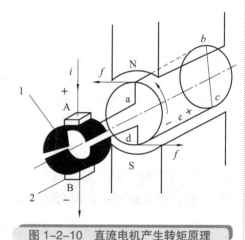

图 1-2-10 直流电机产生转矩原理
1—换向器；2—电刷

机械损耗主要是电机运行过程中的摩擦和通风导致的损耗。

铁芯损耗是铁芯中的磁滞损耗和涡流损耗之和，铁磁材料置于交变磁场中时，磁畴互相间不停地摩擦造成的损耗成为磁滞损耗，铁芯中感应产生涡流带来的损耗成为涡流损耗，为减小涡流损耗，电机和变压器的铁芯都用含硅量较高的薄硅钢片叠成，铁芯损耗随着交变磁场频率的增加而增加。

杂散损耗包括由于趋肤效应等因素引起的损耗。电机损耗的准确计算非常复杂，可基于经验公式进行。趋肤效应指导体中有交流电时，导体内部电流分布不均匀，电流集中在导体的"皮肤"部分，也就是说电流集中在导体外表，越靠近导体表面，电流密度越大。

五、永磁同步电机概述

与传统的电励磁电机相比,永磁同步电机特别是稀土永磁同步电机具有体积小、重量轻、惯性小、响应快、高转矩/惯量比和高速度/重量比、高效率和高起动转矩、高功率因数,以及省电和运行可靠等显著优点。因而应用范围极为广泛,几乎遍及航天、国防、工农生产和日常生活的各个领域。

永磁同步电机与感应电机相比,不需要无功励磁电流,可以显著提高功率因数(可达到1甚至达到容性),减少了定子电流和定子电阻损耗,进而可以因总损耗降低而减小风扇(小容量电机甚至可以去掉风扇)和相应的风磨损耗,从而使其效率比同规格感应电机提高2%~8%。而且,永磁同步电机在25%~120%额定负载范围内均可保持较高的效率和功率因数,使轻载运行时节能效果更为显著。

现阶段,交流异步电机主要是以特斯拉为首的美国车企和部分欧洲企业使用。一方面,这与特斯拉最初的技术路径选择有关,交流感应电机价格低廉,而偏大的体积对美式车并无挂碍;另一方面,美国高速路网发达,交流异步电机的高速区间效率性能上佳。

包括中国、日本在内的一些国家,新能源汽车电机最广泛使用的仍是永磁同步电机。适合本国路况是主要因素,永磁同步电机在反复启停、加减速时仍能保持较高效率,对高速路网受限的工况是最佳选择。此外,我国稀土储量丰富,日本稀土永磁产业有配套基础也是重要因素。目前,永磁同步电机在我国新能源汽车中的使用占比超过90%。

日本的丰田、本田、日产等汽车公司基本上都采用永磁同步电机驱动系统,如丰田公司的普锐斯,本田公司的思域。因为在日本供应永磁同步电机使用的稀土磁铁的公司比较多,同时汽车大多以中低速行驶,所以采用加减速时效率较高的永磁同步电动机较为适宜。日本在发展混合动力汽车方面居世界领先地位,其中以丰田普锐斯最为著名。

使用永磁同步电机的部分汽车厂商与供应商如表1-1-1所示。

表1-1-1 使用永磁同步电机的部分汽车厂商与供应商

车型	电动机类型	电机供应商
宝马 i3	永磁同步电机	采埃孚
日产聆风	永磁同步电机	In-house
雪佛兰斯帕可	永磁同步电机	日立汽车系统
本田 FIT EV	永磁同步电机	In-house
丰田普锐斯	永磁同步电机	In-house
北汽 EV 系列	永磁同步电机	精进电机
比亚迪 e 系列	永磁同步电机	比亚迪
上汽荣威	永磁同步电机	上海大郡、上海电驱动
奇瑞 eQ	永磁同步电机	上海电驱动、浙江尤奈特
江淮 iEV6	永磁同步电机	上海电驱动、浙江尤奈特
北汽福田	永磁同步电机	中车时代

六、永磁同步电机结构

永磁同步电机属于交流电机，定子绕组与交流异步电机相同。它的转子旋转速度与定子绕组所产生的旋转磁场的速度是一样的，所以称为同步电机。正由于这样，同步电动机的电流在相位上是超前于电压的，即同步电动机是一个容性负载。

永磁同步电机主要由机壳、定子和转子组成。定子包括定子铁芯和定子绕组，如图1-2-11所示，定子绕组镶嵌在定子铁芯中，绕组的作用是通电时可以产生磁场，铁芯的作用是可以提高磁导率。永磁同步电机定子结构与工作原理与交流异步电机一样，多为4极形式，三相绕组按3相4极布置，通电产生4极旋转磁场。

图1-2-11　永磁同步电机定子结构
1—定子铁芯；2—定子绕组；3—永磁转子

永磁同步电机与普通三相交流异步电机的不同是转子结构，转子上安装有永磁体磁极。永磁磁极外凸镶嵌在转子铁芯外侧，组成若干对磁极。一块永磁体有一个N极和一个S极。若干个永磁体和铁芯共同构成了若干条磁路，这是一个4极转子，如图1-2-12所示。

将转子和转轴做成一体，两端用轴承安装在机壳上，转子前端安装有散热风扇随轴转动，在定子绕组不断通电产生的磁场吸引下，转子即随定子产生的旋转磁场进行运转，如图1-2-13所示。

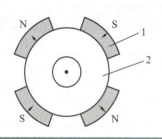

图1-2-12　永磁同步电机转子结构
1—永磁磁极；2—转子铁芯

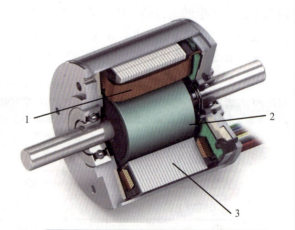

图1-2-13　永磁同步电机剖面图
1—定子绕组；2—永磁转子；3—定子铁芯

七、永磁同步电机工作原理

在电机系统中，电机的输出动作主要是靠控制单元给定命令执行，即控制器输出命令。控制器主要是将输入的直流电逆变成电压、频率可调的三相交流电，供给配套的三相交流永磁同步电机使用。

电机控制器输出频率和幅值可变的 U、V、W 三相交流电给电机形成旋转磁场，电机通过位置传感器将电机转子当前的位置发送给电机控制器，以供控制器进行参考控制，如图 1-2-14 所示。

旋转磁场与转子永久磁铁所产生的磁场相互作用产生转矩，拖动转子同步旋转，通过位置传感器实时读取转子磁铁位置，变换成电信号控制控制器中的逆变器功率器件开关，调节电流频率和相位，使定子和转子磁势保持稳定的位置关系，才能产生恒定的转矩，定子绕组中的电流大小是由负载决定的。定子绕组中三相电流的频率和相位随转子位置的变化而变化，使三相电流合成一个与转子同步的旋转磁场，通过电力电子器件构成的逆变电路的开关变化实现三相电流的换相，代替了机械换向器。如图 1-2-15 所示。

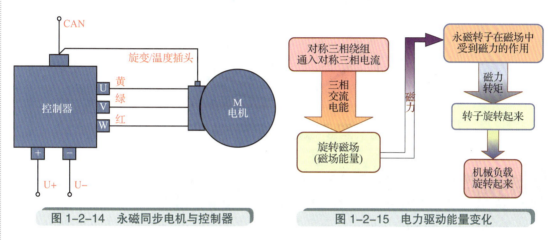

图 1-2-14 永磁同步电机与控制器　　图 1-2-15 电力驱动能量变化

永磁同步电动机定子的反电势和电流波形均为正弦波，并且保持同相，其可以获得与直流电机相同的转矩特性，而且能实现恒转矩的调速特性。同步电机的工作模式如图 1-2-16 所示。

当定子产生一对磁极，上部为 S 极，下部为 N 极时，会将转子吸引到当前位置即转子 N 极向上，S 极向下。在有负载状态下，定子旋转磁场在转速上微微领先转子一点，吸引转子以旋转磁场的转速进行旋转，在理想空载状态下转子与旋转磁场是完全对应的，在转子主动旋转时，转子磁场会切割定子的磁场从而产生感生电流，此时状态为发电机，电动车制动能量回收就是利用这种工作原理，如图 1-2-17 所示。

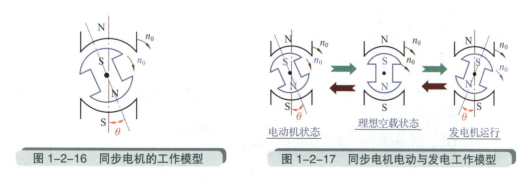

图 1-2-16 同步电机的工作模型　　图 1-2-17 同步电机电动与发电工作模型

如图 1-2-18 所示，A 相蓝色线圈、B 相红色线圈和 C 相绿色线圈分别是永磁同步电机的 3 相线圈绕组，每相线圈中按一定顺序通入电流幅值和相位都随时间变化的交流电，且彼此在相位上相差120°，定子磁场沿顺时针方向旋转，吸引永磁转子也随之旋转，将电能转化为机械能。

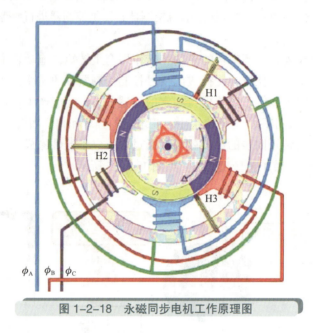

图 1-2-18　永磁同步电机工作原理图

八、北汽 EV160 永磁同步电机结构

北汽 EV160 永磁同步电机结构如图 1-2-19 所示。

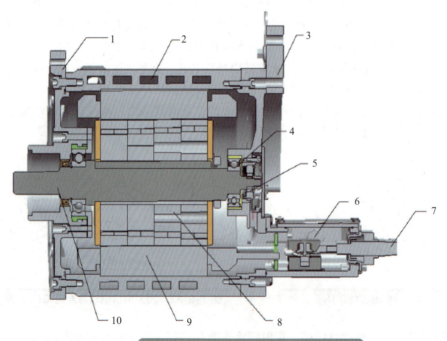

图 1-2-19　EV160 永磁同步电机结构

1、3—端盖；2—水道；4—后轴承；5—旋变；6—接线盒；7—动力线；8—转子；9—定子；10—电机轴

机壳中含有冷却水道，电机端盖上有旋转变压器，用以监测转子位置。控制器解码后可以获知电机转速，定子上有 2 个温度传感器，埋设在定子绕组中，用以监测电机的绕组温度，控制器可以通过加速冷却风扇运转与降功率运行等措施保护电机避免过热，如图 1-2-20、图 1-2-21 所示。

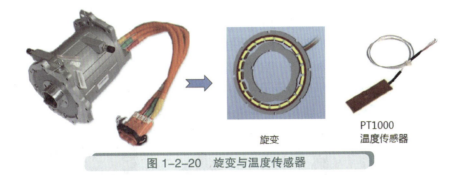

图 1-2-20　旋变与温度传感器

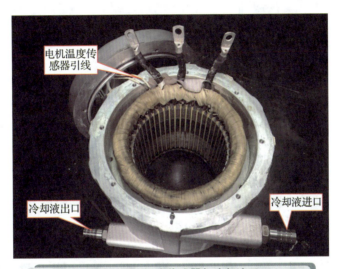

图 1-2-21　温度传感器与冷却液口

旋转变压器是转子位置传感器，用于确定电机转子的位置，便于电机控制器输出正确相位和频率的电压控制电机运转。旋转变压器转子安装在电机转子上，随其共同转动，旋转变压器定子安装在驱动电机后盖上，如图 1-2-22 和图 1-1-23 所示。

图 1-2-22　旋转变压器定子

图 1-2-23　旋转变压器转子

旋转变压器用来测定转子磁极位置从而为电机控制器内的逆变器（IGBT 模块）提供正确的换向信息，作为角度位置传感元件，常用的有：光学编码器、磁性编码器和旋转变压器。由于制造和精度的原因，磁性编码器没有其他两种普及。光学编码器的输出信号是脉冲，因为是天然的数字信号，数据处理比较方便，因而得到了很好的应用，但信号处理电路比较复杂，价格较高。旋转变压器具有特别优良的可靠性和足够高的精度，适应更高的转速，在永磁同步电机领域逐渐替代了光学编码器，应用越来越广泛。

从原理上看，旋转变压器相当于一台可以转动的变压器。当励磁绕组以一定频率的交流电压励磁时，输出绕组的电压幅值与转子转角成正弦、余弦函数关系，或保持某一比例关系，或在一定转角范围内与转角呈线性关系，如图 1-2-24 所示。

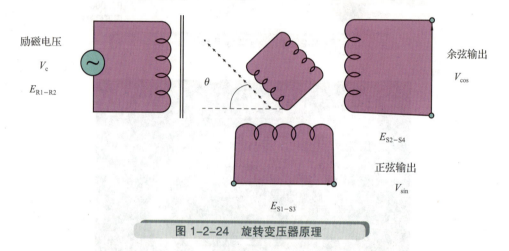

图 1-2-24　旋转变压器原理

旋转变压器定子上绕有励磁绕组、正弦绕组和余弦绕组。每个齿上的励磁绕组匝数相等，相邻两齿励磁绕组绕向相反，如图 1-2-25 所示。

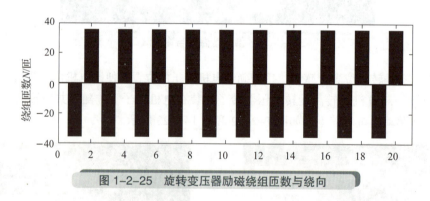

图 1-2-25　旋转变压器励磁绕组匝数与绕向

旋转变压器定子齿上正弦绕组的匝数随定子次序呈正弦分布，然后交替反向，具体方向也服从正弦分布，如图 1-2-26 所示。

定子齿上余弦绕组的匝数随定子次序呈余弦分布，绕向与正弦分布相似，如图 1-2-27 所示。

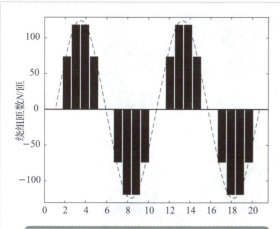

图 1-2-26 旋转变压器正弦绕组匝数与绕向

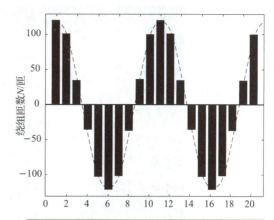

图 1-2-27 旋转变压器余弦绕组匝数与绕向

旋转变压器定子上有激励绕组、正弦绕组和余弦绕组，转子上有 4 个凸起，电机工作时，旋转变压器定子绕组上的激励绕组产生频率为 10 kHz，幅值为 7.5 V 的正弦波形作为基准信号，当电机转子与旋转变压器转子一起转动时，旋转变压器转子转过定子线圈，改变了定子线圈与转子之间的磁通，使得正弦绕组和余弦绕组受激励绕组感应，信号幅值产生一定变化，呈正弦和余弦波形。波形的幅值和相位因与电机转子同转的旋转变压器转子的变化而变化，由此可判断出电机转子的位置、转速及旋转方向，旋变波形如图 1-2-28 所示。

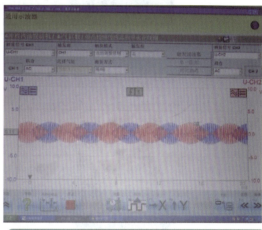

图 1-2-28 旋转激励绕组与正弦绕组信号波形

驱动电机外形如图 1-2-29 所示，从左至右由电机吊装支架、旋转变压器盖、电机接线盒、左端盖、电机壳体（包括定子与转子）、右端盖组成，如图 1-2-29 所示。

EV160 驱动电机的转子外形如图 1-2-30 所示。转子由硅钢片叠压而成，内部嵌有永磁体，两端有轴承支撑转子的旋转运动，左端是电机转子带有花键的输出轴。

图 1-2-29 驱动电机外形

图 1-2-30 EV160 驱动电机的转子外形

EV160 驱动电机定子共有 3 相绕组形成定子绕组，定子绕组内埋设有温度传感器，用来监控电机定子温度，当温度过高时，电动冷却液循环泵将加速运转给电机降温，电机外壳上有一进一出两个水管，用于冷却液循环给定子降温，如图 1-2-31 所示。

图 1-2-31 驱动电机定子构造

驱动电机系统状态和故障信息会通过整车 CAN 网络上传给整车控制器（VCU），传输通道是两根信号线束，如图 1-2-32 所示，分别是电机到控制器的 19pin 插件和控制器到 VCU 的 35pin 插件。

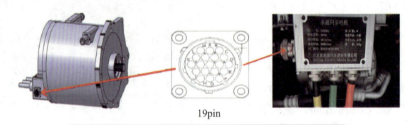

图 1-2-32 驱动电机 19pin 插头位置

驱动电机低压控制信号接口的定义如表 1-1-2 所示。

表 1-1-2 驱动电机低压控制信号接口的定义

连接器型号	编号	信号名称	说明
Amphenol RTOW01419PN03	A	激励绕组 R1	电机旋转变压器接口
	B	激励绕组 R2	
	C	余弦绕组 S1	
	D	余弦绕组 S3	
	E	正弦绕组 S2	
	F	正弦绕组 S4	
	G	THO	电机温度接口
	H	TLO	
	L	HVIL1（+L1）	高低压互锁接口
	M	HVIL2（+L2）	

九、比亚迪 e5 永磁同步电机结构

比亚迪 e5 永磁同步电机最大功率 160 kW,最大转矩 310 N·m,工作电压 650 V,重量 65 kg,驱动电机铭牌如图 1-2-33 所示。

比亚迪 e5 永磁同步电机采用水冷方式,由冷却液温度传感器检测冷却液温度,旋变传感器接头和定子温度传感器接头在驱动电机端盖上,如图 1-2-34 所示。

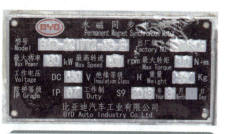

图 1-2-33 比亚迪 e5 驱动电机铭牌

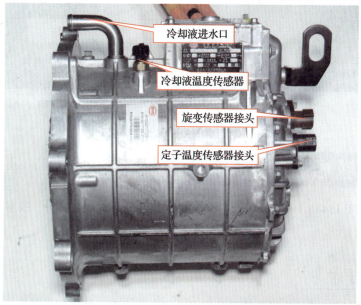

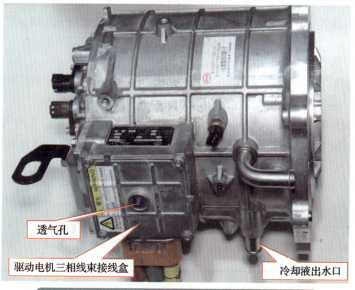

图 1-2-34 比亚迪 e5 驱动电机

比亚迪 e5 永磁同步电机定子三相绕组、永磁转子、旋变传感器等如图 1-2-35 所示。

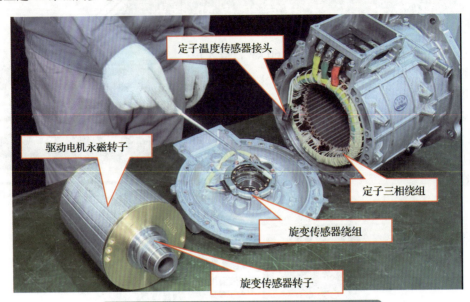

图 1-2-35　比亚迪 e5 驱动电机定子及转子结构

十、驱动电机检测方法

国家标准 GBT 18488.1—2015《电动汽车用驱动电机系统第 1 部分：技术条件》对驱动电机的部分要求有：

1. 一般要求

驱动电机应空转灵活，无定、转子相擦现象或异常响声（如周期性的异响、轴承受损后的异响、微小异物卡滞在转动部位引起的异响等）；控制器应具有满足整车要求的通信功能、故障诊断功能。

2. 一般性项目

驱动电机及控制器表面不应有明显的锈蚀、碰伤、划痕，涂覆层不应有剥落，紧固件联结应牢固，引出线或接线端应完整无损，颜色和标志应正确，铭牌的字迹和内容应清晰无误，且不得脱落。

3. 液冷系统冷却回路密封性能

对于液冷的电机及控制器，应能承受产品技术文件规定的不低于 200 kPa 的压力，无渗漏。

目 录

学习情境 1　驱动电机检测与更换 ·· 1
　任务工单 1.1　动力传动系统认知 ··· 1
　任务工单 1.2　永磁同步电机检测 ··· 4
　任务工单 1.3　永磁同步电机更换 ··· 8
　任务工单 1.4　感应电机检测 ··· 11

学习情境 2　减速驱动桥拆装与检测 ··· 13
　任务工单 2.1　减速驱动桥认知 ·· 13
　任务工单 2.2　减速驱动桥拆装与检测 ··· 16

学习情境 3　高压电控总成认知与更换 ·· 20
　任务工单 3.1　高压电控总成认知与更换 ·· 20
　任务工单 3.2　电机驱动冷却系统检修 ··· 23
　任务工单 3.3　电机控制器模块认知 ·· 26

学习情境 1　驱动电机检测与更换

任务工单 1.1　动力传动系统认知

任务名称	动力传动系统认知	学　时	4	班　级	
学生姓名		学生学号		任务成绩	
实训设备、工具及仪器	比亚迪 e5 纯电动汽车 4 辆，绝缘工具 4 套，个人防护用具 4 套，冷却液 4 L× 4 桶，水桶 4 个，托盘千斤顶 4 套等	实训场地	理实一体化教室	日　期	
客户任务描述	一辆比亚迪 e5 纯电动汽车，行驶中伴随不同车速，从底盘前部传来异响声，需要安全、规范地更换动力总成				
任务目的	能够正确、规范地对纯电动汽车进行下电操作，能迅速完成动力总成的更换				

一、资讯

1. 动力传动系统是电动汽车最主要的系统，电动汽车运行性能的好坏主要是由其动力传动系统的性能决定的。纯电动汽车动力传动系统主要由_____、_____等组成。

2. 纯电动汽车动力传动系统目前主要有 4 种基本典型结构，即_____、_____、_____、_____。

3. 下图分别属于哪种动力传动系统典型结构：

4. 比亚迪 e5 纯电动汽车动力传动系统，驱动电机与变速器总成的重量为 103 kg，驱动电机的最大输出功率为 160 kW。匹配单挡变速器，总减速比为 9.342，一级传动比为 3.158，主减速传动比为 2.958。单挡变速器采用_____，变速器润滑油量为 1.8 L，变速器润滑油类型为齿轮油 SAE80W-90，双向交流逆变电机控制器根据车辆当前状态及驾驶员的驾驶意图，向驱动电机输出一定频率和幅值的三相交流电，_____产生转矩将动力传递到_____，动力经过单挡变速器中的一级减速后进入_____和_____，动力再由差速器两个半轴齿轮传递到单挡变速器两侧的_____。

二、计划与决策

请根据任务要求，确定所需要的检测仪器、工具，并对小组成员进行合理分工，制订详细的工作计划。

1. 需要的检测仪器、工具：

2. 小组成员分工：

3. 计划：

三、实施

1. 整车下电。
（1）关闭钥匙，断开_____。
（2）拔下_____。
2. 拆卸高压电控总成。
（1）放掉驱动系统_____。
（2）拆下_____。
3. 拆卸动力总成外围部件或线束。
（1）拆下_____插头及线束固定卡扣。
（2）驱动电机_____插头及线束固定卡扣。
（3）驱动电机_____和_____插头及线束固定卡扣。
（4）拆下驱动电机_____固定卡箍。
（5）拆下驱动电机_____固定螺栓。
（6）拆下_____和_____固定支架螺栓。
（7）拆下_____3个固定螺栓并悬挂。
（8）拆下驱动电机右侧固定支架上部一个固定螺栓，举升车辆后用铁丝悬挂电动压缩机。
（9）拆下电动压缩机4个固定螺栓。
（10）降下车辆后分别拆下左前、右前轮轮毂装饰盖，撬起半轴螺母锁片，拆下半轴螺母。
（11）拆下左前、右前轮胎。
（12）拆下右前轮制动油管支架固定螺栓、右前轮_____。
（13）拆下右前轮减震器两个固定螺栓、转向横拉杆球头螺栓防松锁销。
（14）拆下转向横拉杆球头固定螺栓，拔出右侧半轴球笼，固定制动盘与减震器。
（15）拔出_____。
（16）托盘千斤顶从下部顶住_____，旋松驱动电机右侧支架3个固定螺栓。
（17）旋松减速器左侧支架的3个固定螺栓，旋松减速器后侧支架的3个固定螺栓。
（18）拆下车身底部加强支架及固定螺栓，拆下减速器后侧支架固定螺栓。
（19）取下减速器后侧支架，缓慢降下托盘千斤顶。
4. 比亚迪e5动力总成安装。
动力总成拆卸完成，按相反顺序安装动力总成即可。

四、检查

1. 检查动力总成线束连接是否到位 _____。
2. 检查螺栓是否紧固到位 _____。
3. 检查是否更换新的转向横拉杆球头螺栓防松锁销并锁止 _____。
4. 检查半轴螺母锁片是否锁止到位 _____。

五、评估

1. 请根据自己任务完成的情况，对自己的工作进行自我评估，并提出改进意见。
（1）_____
_____；
（2）_____
_____；
（3）_____
_____。

2. 工单成绩（总分为自我评价、组长评价和教师评价得分值的平均值）

自我评价	组长评价	教师评价	总分

任务工单 1.2 永磁同步电机检测

任务名称	永磁同步电机检测	学 时	4	班 级	
学生姓名		学生学号		任务成绩	
实训设备、工具及仪器	比亚迪 e5 驱动电机 4 套，绝缘工具 4 套，个人防护用具 4 套，万用表及示波器各 4 台等	实训场地	理实一体化教室	日 期	
客户任务描述	一辆比亚迪 e5 纯电动汽车，驱动电机性能异常，需要安全、规范地对驱动电机进行检测				
任务目的	能够正确、规范地对纯电动汽车进行下电操作，能迅速对驱动电机进行检测				

一、资讯

1. 电机驱动系统一般由_____、_____等组成。电机是以磁场为媒介进行_____和_____互相转换的电磁装置，在电动汽车驱动过程中作为电动机运行将动力电池中存储的____转换为驱动车辆运行，在制动或减速过程中作为发电机运行将_____转化为_____存储在动力电池中。电机控制器（功率变换器）输出特定的电压和电流调节电机的运行以产生所需的_____和_____。在能量变换过程中存在电能、机械能和磁场能量损失，这会影响能量转换效率，但是一般来说电机的能量转换效率都要远远高于其他设备的能量转换效率。

2. 左手定则（又称电动机定则）：伸出_____，使拇指与其余四个手指垂直，并且都与手掌在同一平面内，让_____从掌心进入，并使四指指向_____的方向，这时_____所指的方向就是通电导线在磁场中所受安培力的方向。

3. 右手螺旋定则，右手食指方向为_____方向，右手握住线圈，沿_____方向产生了向下的磁力线，由于线圈绕在磁极上，磁力线由磁极通过转子的电枢铁芯，再通过磁轭构成了一个闭合的磁力回路。

4. 直流电机由静止的_____和旋转的_____两大部分组成，在_____和_____之间有一定大小的间隙（称气隙）。

二、计划与决策

请根据任务要求,确定所需要的检测仪器、工具,并对小组成员进行合理分工,制订详细的工作计划。

1. 需要的检测仪器、工具:

2. 小组成员分工:

3. 计划:

三、实施

比亚迪 e5 驱动电机的主要检测项目如下表所示:

检测项目	要求
检查驱动电机外观标识	检查并记录电机外观实际情况; 检查并记录电机铭牌信息; 转动手柄进行空转检查并记录
检查驱动电机冷却密封回路	检查冷却密封回路; 安装(加气时不能漏气)冷却密封仪和堵头; 用压缩空气加压 200 kPa,保持 15 min 不下降,表明密封良好
测量冷态绝缘电阻	测量并记录冷态绝缘电阻
测量绕组	用接地电阻表电阻挡测量并记录绕组短路情况; 用数字万用表交流电压挡测量并记录绕组断路情况(转动手柄的同时观察万用表是否有数据显示)
测量旋变传感器	用数字万用表电阻挡测量并记录旋变传感器各电阻
测量温度传感器	用数字万用表电阻挡测量并记录定子温度传感器各电阻
根据以上检测项目完成作业,并将结果记录在下表中	

序号	测试项目	技术要求	结果	
1	外观	电机表面不应有锈蚀、碰伤、划痕，涂覆层不应有剥落，紧固件连接牢固，接线端完整无损		
2	标识	电机铭牌标识是否清楚，字迹是否清晰		
		（1）工作电压：		
		（2）最大功率：		
		（3）最高转速：		
		（4）防护等级：		
		（5）绝缘等级：		
		（6）型号：		
		（7）最大转矩：		
3	空转检查	无定转子相擦或异响		
4	冷却回路密封性	标准要求：不低于 200 kPa，保压 15 min，无泄漏		
5	冷态绝缘电阻	兆欧表电压等级：1 000 V		
		标准要求：≥ 20 MΩ	U– 壳	
			V– 壳	
			W– 壳	
		兆欧表电压等级：1 000 V		
		标准要求：≥ 20 MΩ	U– 温度传感器	
			V– 温度传感器	
			W– 温度传感器	
6	绕组短路检查	测试条件：使用接地电阻表进行绕组间的电阻测量	U–V	
			V–W	
			W–U	
7	绕组断路检查	测试条件：使用专用工具转动电机，通过数字万用表测量电机绕组间的电压	U–V	
			V–W	
			W–U	
8	旋变传感器绕组阻值检查	标准要求：12.5 ± 2Ω	正弦	
		标准要求：12.5 ± 2Ω	余弦	
		标准要求：6.5 ± 2Ω	励磁	
9	电机绕组温度传感器阻值检查	标准要求：10℃ ~40℃温度下，50.04 kΩ ~ 212.5 kΩ		

四、检查

1. 检查旋变传感器是否连接牢固＿＿＿＿＿＿＿＿＿＿＿＿＿＿＿＿＿＿＿＿＿＿＿＿。
2. 检查温度传感器是否连接牢固＿＿＿＿＿＿＿＿＿＿＿＿＿＿＿＿＿＿＿＿＿＿＿＿。
3. 检查冷却回路是否密封性良好＿＿＿＿＿＿＿＿＿＿＿＿＿＿＿＿＿＿＿＿＿＿＿＿。

五、评估

1. 请根据自己任务完成的情况，对自己的工作进行自我评估，并提出改进意见。

（1）＿＿＿＿＿＿＿＿＿＿＿＿＿＿＿＿＿＿＿＿＿＿＿＿＿＿＿＿＿＿＿＿＿＿＿＿＿

＿＿＿＿＿＿＿＿＿＿＿＿＿＿＿＿＿＿＿＿＿＿＿＿＿＿＿＿＿＿＿＿＿＿＿＿＿＿＿；

（2）＿＿＿＿＿＿＿＿＿＿＿＿＿＿＿＿＿＿＿＿＿＿＿＿＿＿＿＿＿＿＿＿＿＿＿＿＿

＿＿＿＿＿＿＿＿＿＿＿＿＿＿＿＿＿＿＿＿＿＿＿＿＿＿＿＿＿＿＿＿＿＿＿＿＿＿＿；

（3）＿＿＿＿＿＿＿＿＿＿＿＿＿＿＿＿＿＿＿＿＿＿＿＿＿＿＿＿＿＿＿＿＿＿＿＿＿

＿＿＿＿＿＿＿＿＿＿＿＿＿＿＿＿＿＿＿＿＿＿＿＿＿＿＿＿＿＿＿＿＿＿＿＿＿＿＿。

2. 工单成绩（总分为自我评价、组长评价和教师评价得分值的平均值）

自我评价	组长评价	教师评价	总分

任务工单 1.3 永磁同步电机更换

任务名称	永磁同步电机更换	学 时	4	班 级	
学生姓名		学生学号		任务成绩	
实训设备、工具及仪器	比亚迪 e5 纯电动汽车 4 辆，绝缘工具 4 套，个人防护用具 4 套，冷却液 4 L×4 桶，水桶 4 个，托盘千斤顶 4 套等	实训场地	理实一体化教室	日 期	
客户任务描述	一辆比亚迪 e5 纯电动汽车，行驶中存在异响，需要安全、规范地更换驱动电机，并对驱动电机进行拆装				
任务目的	能够正确规范地更换驱动电机，掌握在拆装驱动电机中的注意事项				

一、资讯

1. 纯电动汽车与普通燃油汽车最主要的区别在于_____，_____往往具有_____和_____两种功能，满足车辆在驱动行驶和减速制动等多种工作模式的需要。

2. _____是纯电动汽车三大核心系统之一，是车辆行驶的主要执行机构，其特性决定了车辆的主要性能指标，直接影响车辆动力性、经济性和用户驾乘感受。

3. 发电机：将_____转换为_____。

电动机：将_____转换为_____。

电机的可逆性：一台电机既可以作_____运行，也可以作_____运行。

4. 电机按照运行的方式分为_____、_____和_____。

5. 驱动电机系统由_____、_____等组成。

6. 驱动电机对外有_____连接、_____连接和_____连接。

二、计划与决策

请根据任务要求，确定所需要的检测仪器、工具，并对小组成员进行合理分工，制订详细的工作计划。

1. 需要的检测仪器、工具：

2. 小组成员分工：

3. 计划：

三、实施

首先安全规范地将驱动电机从动力总成上拆下，然后进行驱动电机拆装。

1. 拆卸驱动电机。

（1）拆下_____上的 4 个安装螺栓。

（2）拆下_____与_____的 3 个连接螺栓。

（3）拆下_____上 15 个连接螺栓。

（4）拆下驱动电机_____和_____传感器接头固定螺栓。

（5）拔下驱动电机_____和_____传感器接头。

（6）使用锤子向外均匀敲击后盖。

（7）取下驱动电机后盖。

（8）使用工具压出电机转子。

（9）驱动电机解体完毕，对驱动电机进行检测或维修后装入驱动电机转子。

2. 安装驱动电机。

（1）装入电机_____。

（2）将驱动电机_____和_____传感器接头装入后盖相应的孔内，按压_____使其端面与驱动电机壳体平齐。

（3）安装驱动电机_____和_____传感器接头固定螺栓。

（4）安装_____上 15 个连接螺栓。

（5）安装_____与_____的 3 个连接螺栓。

（6）安装_____上的 4 个安装螺栓。

（7）驱动电机安装完毕。

四、检查

1. 检查驱动电机旋变传感器接头固定螺栓是否紧固_____。

2. 检查驱动电机后盖上的 15 个连接螺栓是否紧固_____。

3. 检查三相线束与电机外端的 2 个固定螺栓是否紧固_____。

4. 检查三相线束端子与电机的 3 个连接螺栓是否紧固_____。

学习情境 1　驱动电机检测与更换

五、评估

1. 请根据自己任务完成的情况，对自己的工作进行自我评估，并提出改进意见。

（1）_____
_____；

（2）_____
_____；

（3）_____
_____。

2. 工单成绩（总分为自我评价、组长评价和教师评价得分值的平均值）

自我评价	组长评价	教师评价	总分

任务工单 1.4　感应电机检测

任务名称	感应电机检测	学　时	4	班　级	
学生姓名		学生学号		任务成绩	
实训设备、工具及仪器	纯电动汽车感应电机 4 台，绝缘工具 4 套，个人防护用具 4 套，摇表或绝缘测试仪 4 套，万用表或电桥测量仪 4 套等	实训场地	理实一体化教室	日　期	
客户任务描述	一辆特斯拉 MODEL S 纯电动汽车，在行驶中存在异响，驱动电机性能异常，需要安全、规范地对驱动电机进行检测				
任务目的	能够正确、规范地对纯电动汽车进行下电操作，能迅速对驱动电机进行检测				

一、资讯

1. 由于感应电机的转子上没有_____，也无须_____、_____，使得感应电机具有结构简单，制造方便，成本低，可靠性好等优点，感应电机的控制也较为成熟。感应电机的转子上没有_____，也没有_____，结构简单坚固，耐_____能力强，不需要维护。

2. 感应电机定子在空间静止不动，主要由_____、_____、_____和_____等部分组成。

3. 感应电机转子是电动机的旋转部分，转子由_____和_____组成。

4. 为了保证转子能够自由旋转，在_____与_____之间必须留有一定的_____。

5. 由于感应电机对_____耐受范围大，故特斯拉的电机不需要像其他电动车那样安装_____、_____等，也无须安装其余的_____，因此其电机的体积和重量大大缩小。

二、计划与决策

请根据任务要求，确定所需要的检测仪器、工具，并对小组成员进行合理分工，制订详细的工作计划。

1. 需要的检测仪器、工具：

2. 小组成员分工：

3. 计划：

三、实施

特斯拉 MODEL S 感应电机的主要检测内容：

1. 认真细听电机的运行声音是否异常，将车辆举升，使驱动电机运转，借助螺丝刀或听棒等辅助工具，贴近电机两端听，检查电机是否存在不良振动。
2. 闻感应电机气味，是否有特殊的油漆味或较重的煳味。
3. 用手去摸电机壳、轴承周围部分，是否温度异常。
4. 使用摇表或绝缘测试仪的 500 V 挡位测量电机三相绕组引出线与机壳之间的绝缘电阻（正常情况下应大于 500 Ω/V 或电机整体绝缘电阻大于 2 MΩ）。
5. 使用电桥箱或万用表检测定子绕组电阻是否存在差别。

四、检查

1. 检查感应电机转子是否安装到位＿＿＿＿＿＿＿＿＿＿＿＿＿＿＿＿＿＿＿＿＿＿＿＿＿＿。
2. 检查感应电机与车身相连的固定螺栓是否牢固＿＿＿＿＿＿＿＿＿＿＿＿＿＿＿＿＿＿＿。
3. 检查感应电机安装后能否正常运行＿＿＿＿＿＿＿＿＿＿＿＿＿＿＿＿＿＿＿＿＿＿＿。

五、评估

1. 请根据自己任务完成的情况，对自己的工作进行自我评估，并提出改进意见。

（1）＿＿＿＿＿＿＿＿＿＿＿＿＿＿＿＿＿＿＿＿＿＿＿＿＿＿＿＿＿＿＿＿＿＿＿＿＿＿＿
＿＿＿；

（2）＿＿＿＿＿＿＿＿＿＿＿＿＿＿＿＿＿＿＿＿＿＿＿＿＿＿＿＿＿＿＿＿＿＿＿＿＿＿＿
＿＿＿；

（3）＿＿＿＿＿＿＿＿＿＿＿＿＿＿＿＿＿＿＿＿＿＿＿＿＿＿＿＿＿＿＿＿＿＿＿＿＿＿＿
＿＿＿。

2. 工单成绩（总分为自我评价、组长评价和教师评价得分值的平均值）

自我评价	组长评价	教师评价	总分

学习情境 2 减速驱动桥拆装与检测

任务工单 2.1 减速驱动桥认知

任务名称	减速驱动桥认知		学　时	4	班　级	
学生姓名			学生学号		任务成绩	
实训设备、工具及仪器	比亚迪 e5 纯电动汽车 4 辆，比亚迪 e5 纯电动汽车减速器 4 套，绝缘工具 4 套，个人防护用具 4 套，机油车 4 辆，减速器油加注工具 4 套，润滑油 4 L×4 桶等		实训场地	理实一体化教室	日　期	
客户任务描述	一辆比亚迪 e5 纯电动汽车，该车行驶中伴随不同车速，从底盘前部传来异响声，需要对减速驱动桥进行检查，并更换减速器润滑油					
任务目的	能够掌握减速驱动桥的结构组成，能够正确、规范地更换减速器润滑油					

一、资讯

1. 北汽 EV160 车型中，型号为 C33DB 的驱动电机搭载的减速器总成型号为 EF126B02，由中国长安汽车集团股份有限公司重庆青山变速器分公司生产，主要功能是将整车驱动电机的＿＿＿＿＿＿降低、＿＿＿＿＿＿升高，以实现整车对驱动电机的扭矩、转速要求。

2. EF126B02 减速器总成是一款＿＿＿＿＿＿减速器，采用＿＿＿＿＿＿、＿＿＿＿＿＿结构设计。具有＿＿＿＿＿＿，＿＿＿＿＿＿的特点。

3. 北汽 EF126B02 减速器结构，电机动力通过电机＿＿＿＿＿＿传入＿＿＿＿＿＿，电机输出动力经＿＿＿＿＿＿减速后通过左右两个＿＿＿＿＿＿传给左右＿＿＿＿＿＿，减速器工作时会产生一定热量，需要＿＿＿＿＿＿调节减速器内气压，以免压力过高导致油封漏油。

4. 比亚迪 e5 纯电动汽车单挡无级变速器，依靠两级齿轮副来实现减速增扭。其按功用和位置分为五大组件：＿＿＿＿＿＿、＿＿＿＿＿＿、＿＿＿＿＿＿、＿＿＿＿＿＿、＿＿＿＿＿＿。动力由＿＿＿＿＿＿输入，经过减速将动力传至＿＿＿＿＿＿，再由差速器将动力分配至两侧车轮。

二、计划与决策

请根据任务要求，确定所需要的检测仪器、工具，并对小组成员进行合理分工，制订详细的工作计划。

1. 需要的检测仪器、工具：

2. 小组成员分工：

3. 计划：

三、实施

　　1. 排放减速器油。
　　（1）举升车辆。
　　（2）将机油回收车推入动力总成下方。
　　（3）用 24 mm 套筒拆下_____。
　　（4）排尽减速器油。
　　（5）安装_____，并按规定力矩紧固。
　　2. 加注减速器油。
　　（1）使用 24 mm 套筒拆下减速器_____。
　　（2）将简易加注工具的吸油侧插入机油桶中，出油侧插入减速器加注孔中。
　　（3）加至注油口处向外溢油时停止加油。
　　（4）加注完成后取下简易加注工具，安装变速箱_____，并按规定力矩紧固。
　　（5）清洁变速箱_____和_____，降下车辆，作业完成。

四、检查

　　1. 检查减速器机油是否排尽_____。
　　2. 检查放油螺栓是否紧固到位_____。
　　3. 检查变速箱加油螺栓是否紧固到位_____。

五、评估

1. 请根据自己任务完成的情况，对自己的工作进行自我评估，并提出改进意见。

（1）　　　　　　　　　　　　　　　　　　　　　　　　　　　　　　　　　　　

　　　　　　　　　　　　　　　　　　　　　　　　　　　　　　　　　　　　　　；

（2）　　　　　　　　　　　　　　　　　　　　　　　　　　　　　　　　　　　

　　　　　　　　　　　　　　　　　　　　　　　　　　　　　　　　　　　　　　；

（3）　　　　　　　　　　　　　　　　　　　　　　　　　　　　　　　　　　　

　　　　　　　　　　　　　　　　　　　　　　　　　　　　　　　　　　　　　　。

2. 工单成绩（总分为自我评价、组长评价和教师评价得分值的平均值）

自我评价	组长评价	教师评价	总分

任务工单 2.2　减速驱动桥拆装与检测

任务名称	减速驱动桥拆装与检测	学　时	4	班　级	
学生姓名		学生学号		任务成绩	
实训设备、工具及仪器	比亚迪 e5 减速器 4 套，绝缘工具 4 套，个人防护用具 4 套，吹气枪 4 套，吸油纸 4 套，铲刀 4 套，拉码器 4 套等	实训场地	理实一体化教室	日　期	
客户任务描述	一辆比亚迪 e5 纯电动汽车，行驶中底盘前部存在异响，需要安全、规范地进行减速器的拆装与检测				
任务目的	能够正确规范地拆装减速总成，掌握在减速器检测中的注意事项				

一、资讯

1. 减速器产生异常噪声，主要原因如下：＿＿＿＿＿、＿＿＿＿＿、＿＿＿＿＿、＿＿＿＿＿。

2. 减速器产生渗漏油，主要原因如下：＿＿＿＿＿、＿＿＿＿＿、＿＿＿＿＿、＿＿＿＿＿。

3. 简述当整车无动力输出时，需要进行哪些操作。
（1）＿＿＿＿＿＿＿＿＿＿＿＿＿＿＿＿＿＿＿＿＿＿＿＿＿＿＿＿＿＿＿＿＿＿＿＿＿＿。
（2）＿＿＿＿＿＿＿＿＿＿＿＿＿＿＿＿＿＿＿＿＿＿＿＿＿＿＿＿＿＿＿＿＿＿＿＿＿＿。
（3）＿＿＿＿＿＿＿＿＿＿＿＿＿＿＿＿＿＿＿＿＿＿＿＿＿＿＿＿＿＿＿＿＿＿＿＿＿＿。
（4）＿＿＿＿＿＿＿＿＿＿＿＿＿＿＿＿＿＿＿＿＿＿＿＿＿＿＿＿＿＿＿＿＿＿＿＿＿＿。

4. 电机端盖和总成合箱壳体上的螺栓或螺母，按＿＿＿＿＿松开和拧紧，如果螺栓有裂纹或者损坏，请及时更换。

5. 轴承安装时要用变速器＿＿＿＿＿润滑所有的轴承。也可以在内外圈与轴、箱体座孔结合的柱面上涂抹＿＿＿＿＿。

二、计划与决策

请根据任务要求，确定所需要的检测仪器、工具，并对小组成员进行合理分工，制订详细的工作计划。

1. 需要的检测仪器、工具：

2. 小组成员分工：

3. 计划：

三、实施

结合厂家维修手册要求以及教学实际，比亚迪 e5 减速器拆装与调整的主要步骤及操作项目如下表所示。

任务工单 2.2　减速驱动桥拆装与检测

比亚迪 e5 减速器拆装与调整	
操作步骤/顺序	操作项目
分离变速箱体和电机总成	打开放油螺塞组件，将变速箱体内的润滑油排放干净，拧紧放油螺塞组件于箱体上； 检查润滑油是否排放干净； 检查放油塞组件和 O 形密封圈是否完好； 交错拧开用于固定变速箱箱体与电动机的六角法兰面螺栓，分离变速箱与电动机； 分离时可使用一字螺丝刀且按照垫布（或裹胶布）的方法加以保护
分解变速箱体	将变速箱体用螺栓（至少需要 3 颗螺栓）固定在专用工作台上，确保主轴、差速器半轴或者箱体的高点不能有接触磨损； 交错拧开用于连接固定变速器前后箱体的螺栓，将后箱体与前箱体分离； 在拆分过程中保护好前箱体与后箱体接触面； 拆分箱体时注意保管前箱体上的磁铁槽中掉出的磁铁
拆卸差速器组件	拆卸差速器组件轴承压板； 取下差速器相关齿轮
拆卸副轴组件	拆卸副轴轴承压板； 取下副轴； 使用卡簧钳取下副轴轴承卡簧； 使用专用工具（拉码器）将副轴轴承从箱体中取出
拆卸主轴组件	拆卸主轴轴承压板； 取下主轴齿轮总成
拆卸油封	使用一字螺丝刀且按照垫布（或裹胶布）的方法加以保护，取出全部 3 个油封
清洁组件	使用吹气枪对差速器组件表面及差速器壳体内部的粉尘、铁屑等杂质进行清洁； 转动行星齿轮或半轴齿轮，检查是否有卡滞并使用吹气枪深度清洁； 使用吹气枪或吸油纸对球轴承、圆柱滚子轴承、主轴、副轴表面进行清洁； 使用吹气枪或吸油纸对变速箱前箱体表面进行清洁； 使用吹气枪或吸油纸对变速箱后箱体表面进行清洁； 使用工具（铲刀）对前合箱面进行刮蹭处理、刮平高点； 使用工具（铲刀）对后合箱面进行刮蹭处理、刮平高点
变速箱组件外观目视检查	检查并记录齿轮轮系转动情况； 检查并记录主轴齿轮磨损情况； 检查并记录副轴主动齿轮磨损情况； 检查并记录副轴从动齿轮磨损情况； 检查并记录差速器齿轮磨损情况； 检查并记录后箱体轴承外圈磨损情况； 检查并记录主轴前轴承内外圈磨损情况； 更换差速器油封； 更换主轴油封
安装油封	使用油封工装将 3 个全新油封装入变速器后箱体

续表

操作步骤/顺序	操作项目
安装副轴轴承	安装副轴轴承； 安装副轴轴承卡簧
安装主轴组件	摆正主轴组件和压板； 按规定先用手拧进螺栓 2~3 圈，再紧固压板螺栓
安装副轴组件	摆正副轴组件和压板； 按规定先用手拧进螺栓 2~3 圈，再紧固压板螺栓
安装差速器组件	摆正差速器组件和压板； 确认半轴固定环小凸点在半轴齿轮的键槽； 按规定先用手拧进螺栓 2~3 圈，再紧固压板螺栓； 安装期间微调各组件（转动），以便安装过程顺畅
差速器组件高度测量	从后箱体上取下旧的调整垫片； 测量前清洁垫板； 测量前测量垫板平均厚度； 测量前在垫板上对高度尺校零； 加装垫板，使用高度尺测量差速器高度 H 值，垫板放置要平整； 以上每个值应测量 3 处位置
后箱体轴承孔底深度测量	测量前清洁垫板； 测量前测量垫板平均厚度； 测量前在垫板上对深度尺校零； 加装垫板，使用深度尺测量后箱体轴承孔底深度 D 值，垫板放置要平整； 以上每个值应测量 3 处位置
三轴轴调整垫片厚度 f 计算	根据差速器组件高度 H 平均值和后箱体轴承孔底深度 D 平均值，计算三轴轴调整垫片厚度 f 值
安装调整垫片	根据计算值，更换调整垫片并装入后箱体
安装前后箱体	在合箱前检查磁铁、合箱定位销安装情况； 在合箱时用橡皮锤轻轻敲打箱体外壁，并注意保护主轴油封； 安装前后箱体总成； 使用专用工具（预置式扭力扳手）紧固前后箱体总成（标准力矩 25 N·m）
安装减速箱体和电机总成	按规定先用手拧进螺栓 2~3 圈，再紧固变速箱体与电动机的六角法兰面螺栓； 使用专用工具（预置式扭力扳手）紧固变速箱与电动机（标准力矩 100 N·m）

四、检查

1. 检查减速器前后箱体之间的 18 个连接螺栓是否紧固到位＿＿＿＿＿＿＿＿＿＿＿。
2. 检查差速器组件轴承压板的 6 个固定螺母是否紧固到位＿＿＿＿＿＿＿＿＿＿＿。
3. 检查副轴组件压板的 3 个固定螺栓以及主轴组件压板的 5 个固定螺栓是否紧到位＿＿＿＿＿＿＿。

五、评估

1. 请根据自己任务完成的情况，对自己的工作进行自我评估，并提出改进意见。

（1）＿＿＿＿＿＿＿＿＿＿＿＿＿＿＿＿＿＿＿＿＿＿＿＿＿＿＿＿＿＿＿＿＿＿＿＿＿

＿＿＿＿＿＿＿＿＿＿＿＿＿＿＿＿＿＿＿＿＿＿＿＿＿＿＿＿＿＿＿＿＿＿＿＿＿＿＿；

（2）＿＿＿＿＿＿＿＿＿＿＿＿＿＿＿＿＿＿＿＿＿＿＿＿＿＿＿＿＿＿＿＿＿＿＿＿＿

＿＿＿＿＿＿＿＿＿＿＿＿＿＿＿＿＿＿＿＿＿＿＿＿＿＿＿＿＿＿＿＿＿＿＿＿＿＿＿；

（3）＿＿＿＿＿＿＿＿＿＿＿＿＿＿＿＿＿＿＿＿＿＿＿＿＿＿＿＿＿＿＿＿＿＿＿＿＿

＿＿＿＿＿＿＿＿＿＿＿＿＿＿＿＿＿＿＿＿＿＿＿＿＿＿＿＿＿＿＿＿＿＿＿＿＿＿＿。

2. 工单成绩（总分为自我评价、组长评价和教师评价得分值的平均值）

自我评价	组长评价	教师评价	总分

学习情境 3　高压电控总成认知与更换

任务工单 3.1　高压电控总成认知与更换

任务名称	高压电控总成认知与更换	学　时	4	班　级	
学生姓名		学生学号		任务成绩	
实训设备、工具及仪器	比亚迪 e5 纯电动汽车 4 辆，绝缘工具 4 套，个人防护用具 4 套，冷却液 4 L×4 桶，水桶 4 个，托盘千斤顶 4 套等	实训场地	理实一体化教室	日　期	
客户任务描述	一辆比亚迪 e5 纯电动汽车，无法进行高压上电，需要安全、规范地更换高压电控总成				
任务目的	能够正确、规范地对纯电动汽车进行下电操作，能迅速完成高压电控总成的更换				

一、资讯

1. 2018 款比亚迪 e5 纯电动汽车（5AEB）高压电控总成集成了_____、_____、_____以及_____等，又称"简版四合一"。高压电控总成在前机舱内。

2. 写出图中各外部接口的名称：

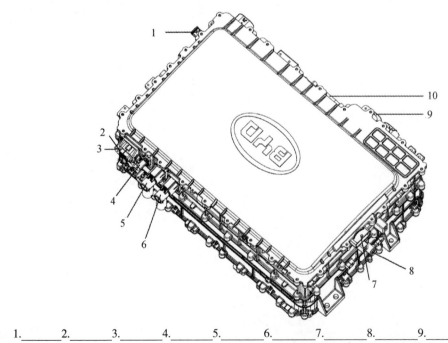

1._____ 2._____ 3._____ 4._____ 5._____ 6._____ 7._____ 8._____ 9._____ 10._____．

3. 高压电控总成内的_____，将动力电池的高压直流电转换为 12 V 直流电为整车低压用电系统供电及给低压蓄电池充电。

4. 高压电控总成内的_____完成动力电池电源的输出及分配，实现对支路用电器的保护及切断。

5. ＿＿＿＿＿＿可检测动力电池正极与车身之间是否存在漏电现象。

6. 高压电控总成通过 220 V、7 kW 的＿＿＿＿＿＿实现对动力电池的慢充充电；通过直流快充接触器和升压模块等部件的控制，实现直流快充充电。慢充充电具有实现预约充电功能。

二、计划与决策

请根据任务要求，确定所需要的检测仪器、工具，并对小组成员进行合理分工，制订详细的工作计划。

1. 需要的检测仪器、工具：

2. 小组成员分工：

3. 计划：

三、实施

1. 作业准备。
（1）穿戴好工服、绝缘鞋；
（2）做好车辆内外防护工作，防止弄脏、损坏或腐蚀车辆；
（3）按照规范流程完成车辆下电操作；
（4）按照规范流程放掉驱动系统冷却液；
（5）拆下格栅上盖板。

2. 拆卸高压电控总成外围附件。
（1）拆下快充线束卡扣。
（2）拆下慢充线束卡扣。
（3）拔下快充线束。
（4）拔下慢充线束。
（5）拆下＿＿＿＿＿＿线束接插件固定螺栓。
（6）拔下驱动电机线束。
（7）拆卸＿＿＿＿＿＿正负极母线等附件。
（8）拆下＿＿＿＿＿＿固定螺栓。
（9）拆下＿＿＿＿＿＿左右两侧搭铁线束固定螺栓。
（10）拆卸前舱配电盒Ⅱ螺栓。
（11）拆卸 PTC 水加热系统储液罐螺栓。
（12）拆卸进水管、出水管。

3. 拆卸高压电控总成固定螺栓。
（1）拆下高压电控总成前部两个螺栓。
（2）拆下高压电控总成左侧两个螺栓。
（3）拆下高压电控总成右侧两个螺栓。
（4）电动压缩机高压线束固定卡扣。
（5）抬出高压电控总成。

高压电控总成拆卸完成，按相反顺序安装高压电控总成即可。

四、检查

1. 检查高压电控总成外围附件是否连接牢固_____。
2. 检查高压电控总成固定螺栓是否紧固到位_____。
3. 检查安装高压电控总成后,汽车能否正常上电_____。

五、评估

1. 请根据自己任务完成的情况,对自己的工作进行自我评估,并提出改进意见。

  (1) _____

  _____;

  (2) _____

  _____;

  (3) _____

  _____。

2. 工单成绩(总分为自我评价、组长评价和教师评价得分值的平均值)

自我评价	组长评价	教师评价	总分

任务工单 3.2 电机驱动冷却系统检修

任务名称	电机驱动冷却系统检修-更换电动水泵	学 时	4	班 级	
学生姓名		学生学号		任务成绩	
实训设备、工具及仪器	比亚迪 e5 纯电动汽车 4 辆,绝缘工具 4 套,个人防护用具 4 套,冷却液 4L×4 桶,水桶 4 个等	实训场地	理实一体化教室	日 期	
客户任务描述	一辆比亚迪 e5 纯电动汽车,该车报驱动系统过温故障,需要安全、规范地更换电动水泵				
任务目的	能够正确规范地更换电动水泵,掌握在更换电动水泵中的注意事项				

一、资讯

1. 北汽 EV160 纯电动车冷却系统的作用是对_____及_____进行冷却。冷却系统由_____、_____、_____、_____、_____和_____等组成。

2. 电动水泵由_____带动_____,依靠_____吸入冷却液,再将其加速甩出,去往_____与_____。

3. 水泵转子与_____做成一体,_____上带有永磁体。

4. 比亚迪 e5 驱动系统的冷却系统包括_____、_____、_____、_____及各个管路等。

5. 比亚迪 e5 驱动系统_____安装在驱动电机前部底端,_____将经过散热器降温的冷却液输送至高压电控总成的冷却水道。

6. _____输送的冷却液通过高压电控总成中间水道对电机控制器模块、车载充电机模块、DC/DC 等模块进行冷却。

二、计划与决策

请根据任务要求,确定所需要的检测仪器、工具,并对小组成员进行合理分工,制订详细的工作计划。

1. 需要的检测仪器、工具:

2. 小组成员分工：

3. 计划：

三、实施

1. 排放冷却液。
（1）旋下储液罐盖。
（2）举升车辆。
（3）旋下_____。
（4）排尽冷却液。
（5）安装_____。
（6）降下车辆。
2. 拆下电动水泵。
（1）拔下电动水泵线束插头。
（2）松开电动水泵_____。
（3）拔下电动水泵_____。
（4）举升车辆。
（5）松开电动水泵_____。
（6）拔下电动水泵_____。
（7）拆下电动水泵两个固定螺丝。
（8）取下电动水泵。
3. 安装电动水泵。
安装按以上的相反顺序进行。

四、检查

1. 检查电动水泵两个固定螺丝是否紧固_____。
2. 检查电动水泵进水管卡箍是否紧固_____。
3. 检查电动水泵出水管卡箍是否紧固_____。
4. 检查正常上电后车辆能否正常运行_____。

五、评估

1. 请根据自己任务完成的情况，对自己的工作进行自我评估，并提出改进意见。

（1）_____
_____；

（2）_____
_____；

（3）_____
_____。

2. 工单成绩（总分为自我评价、组长评价和教师评价得分值的平均值）

自我评价	组长评价	教师评价	总分

学习情境 3 高压电控总成认知与更换

任务工单 3.3　电机控制器模块认知

任务名称	电机控制器模块认知	学　时	4	班　级	
学生姓名		学生学号		任务成绩	
实训设备、工具及仪器	比亚迪 e5 纯电动汽车 4 辆，比亚迪 e5 高压电控总成 4 套，绝缘工具 4 套，个人防护用具 4 套等	实训场地		理实一体化教室	日　期	
客户任务描述	一辆比亚迪 e5 纯电动汽车，车辆无法行驶，需要安全、规范地拆开高压电控总成并查看内部的电机控制器模块				
任务目的	能够正确、规范地完成高压电控总成的解体与电机控制器模块认知				

一、资讯

1. 整车控制器（VCU）根据驾驶员意图发出各种指令，电机控制器响应并反馈，实时调整驱动电机_____，以实现整车的怠速、前行、_____、停车、_____及驻坡等功能。
2. 电机控制器另一个重要功能是_____和保护，实时进行状态和_____，保护驱动电机系统和整车安全可靠运行。
3. 电机控制器接收来自_____的高压直流电，根据 VCU（整车控制器）发送来的驾驶员_____，在当前电机运转状况的基础上，逆变出一定频率和_____的高压三相交流电（U、V、W）驱动电机运转。
4. 电机控制器内部很多电路板件和组件_____，主要由_____组件（在驱动板上）、屏蔽板组件、_____、其支架组件、三相插接件、_____等组成。
5. 驱动板下方有散热片，最下层是_____，冷却水流过散热片进行散热。
6. 高压直流插接件与来自_____的高压直流母线相连接。_____与电机控制器的三相高压线连接。
7. 控制板上是_____电路，用于和其他部件互相通信，接收各类传感器信息，经过计算来控制 IGBT 模块输出相应的_____，从而控制驱动电机按指令运转。
8. 控制板上有控制板主芯片、_____解码芯片和_____控制芯片。
9. 电流传感器：用以监测电机工作的_____（包括_____、三相交流电流）。
10. 电压传感器：用以监测供给_____工作的实际电压（包括_____电压、12 V 蓄电池电压）。
11. 说明下图工作原理。

任务工单 3.3 电机控制器模块认知

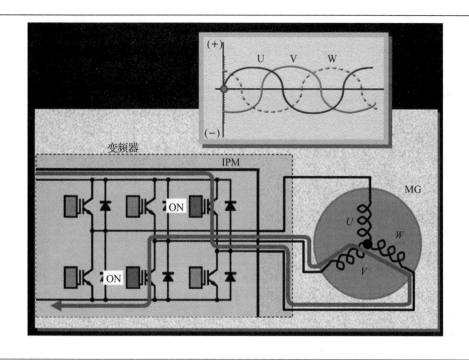

_____
_____
_____
_____
_____

二、计划与决策

请根据任务要求,确定所需要的检测仪器、工具,并对小组成员进行合理分工,制订详细的工作计划。

1.需要的检测仪器、工具:

2.小组成员分工:

3.计划:

学习情境 3　高压电控总成认知与更换

三、实施

1. 用 8 mm 套筒拆下高压电控总成上盖固定螺栓，取下高压电控总成上盖，观察电机控制器模块区域，并填写下图空白部分。

2. 依次拆下高压电控总成下盖及高压电控总成内的附件，拆下电机控制器模块进行观察，并填写下图空白部分。

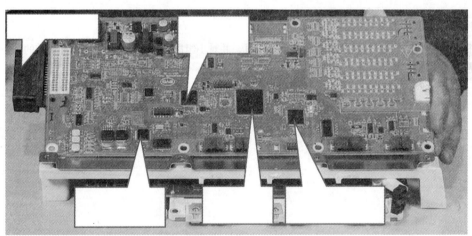

任务工单 3.3　电机控制器模块认知

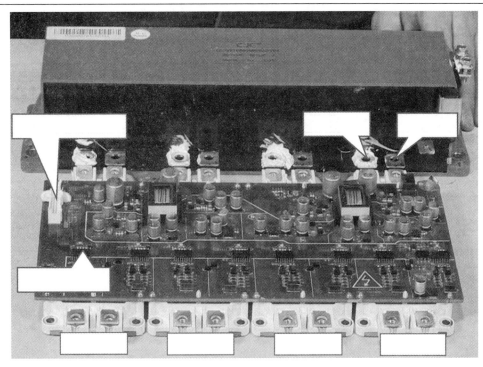

3. 在下面表格中绘制出电机控制器模块原理图。

四、检查

检测电机控制器模块并进行如下检查：
1. 检查电机控制器驱动板安装情况：＿＿＿＿＿＿＿＿＿＿＿＿＿＿＿＿＿＿＿＿＿＿＿＿。
2. 检查电机控制器控制板安装情况：＿＿＿＿＿＿＿＿＿＿＿＿＿＿＿＿＿＿＿＿＿＿＿＿。
3. 检查高压电容：＿＿＿＿＿＿＿＿＿＿＿＿＿＿＿＿＿＿＿＿＿＿＿＿＿＿＿＿＿＿＿＿＿。
4. 检查高低压线束连接情况：＿＿＿＿＿＿＿＿＿＿＿＿＿＿＿＿＿＿＿＿＿＿＿＿＿＿＿。

五、评估

1. 请根据自己任务完成的情况，对自己的工作进行自我评估，并提出改进意见。

（1）_____

_____；

（2）_____

_____；

（3）_____

_____。

2. 工单成绩（总分为自我评价、组长评价和教师评价得分值的平均值）

自我评价	组长评价	教师评价	总分

4. 驱动电机定子绕组冷态直流电阻

驱动电机定子绕组冷态直流电阻值应符合产品技术文件规定。

5. 驱动电机定子绕组对机壳的绝缘电阻

(1) 驱动电机定子绕组对机壳的冷态绝缘电阻值应大于 20 MΩ。

(2) 驱动电机定子绕组对机壳的热态绝缘电阻值应不低于下式计算的值:

$$R = \frac{U_{dmax}}{1\,000 + \frac{P}{100}} \tag{1}$$

式中　R——驱动电机定子绕组对机壳的热态绝缘电阻,单位为兆欧(MΩ);

　　　U_{dmax}——最高工作电压,单位为伏(V);

　　　P——驱动电机的持续功率,单位为千瓦(kW)。

式(1)计算的绝缘电阻低于 0.38 MΩ 时,按 0.38 MΩ 考核确定。

6. 驱动电机定子绕组对温度传感器的绝缘电阻

若驱动电机的温度传感器固定于定子绕组中,电机绕组对温度传感器的冷态绝缘电阻值应大于 20 MΩ;驱动电机定子绕组对温度传感器的热态绝缘电阻值应不低于式(1)的计算值,若按式(1)计算的绝缘电阻低于 0.38 MΩ,则按 0.38 MΩ 考核确定。

根据以上要求以及国家标准《GBT 18488.2—2015 电动汽车用驱动电机系统第 2 部分:试验方法》要求,驱动电机的一般性试验项目主要有外观、外形和安装尺寸、质量、驱动电机控制器壳体机械强度、液冷系统冷却回路密封性能、驱动电机定子绕组冷态直流电阻、绝缘电阻等检测项目,下面对部分项目的检测方法进行说明。

1. 外观

以目测为主,对于具有明确强度要求的技术参数,如紧固件的连接强度等,应辅之以力矩扳手等必要的工具。

2. 液冷系统冷却回路密封性能

(1) 该项试验宜将驱动电机和驱动电机控制器的冷却回路分开后单独测量。

(2) 试验前,不允许对驱动电机或驱动电机控制器表面涂覆可以防止渗漏的涂层,但是允许进行无密封作用的化学防腐处理。

(3) 试验使用的介质可以是液体或气体,液体介质可以是含防锈剂的水、煤油或黏度不高于水的非腐蚀性液体,气体介质可以是空气、氮气或惰性气体。

(4) 用于测量试验介质压力的测量仪表的精度应不低于 1.5 级,量程应为试验压力的 1.5~3 倍。

(5) 试验时,试验介质的温度应和试验环境的温度一致并保持稳定;将被试样品冷却回路的一端堵住，但不能产生影响密封性能的变形，向回路中充入试验介质，利用压力仪表测量施加的介质压力，使用液体介质试验时，需要将冷却回路腔内的空气排净。然后，逐渐加压至 GB/T18488.1-2015 中 5.2.5 规定的试验压力 200 kPa，并保持该压力至少 15 min。

（6）压力保持过程中，压力仪表显示值不应下降，期间不允许有可见的渗漏通过被试品壳壁和任何固定的连接处。如果试验介质为液体，则不得有明显可见的液滴或表面潮湿。

3. 驱动电机定子绕组冷态直流电阻

（1）驱动电机定子绕组冷态直流电阻宜在实际冷状态下测量，并记录测量时的环境温度数值。

（2）绕组直流电阻的测量。

测量绕组直流电阻时，通过绕组的试验电流应不超过其额定电流的 10%，通电时间不超过 1 min。测量时，驱动电机转子静止不动。绕组各相各支路的始末端均引出时，应分别测量各相各支路的直流电阻。如果各相绕组在电机内部连接，那么应在每个出线端间测量电阻。对于三相电机，各相电阻值按下式计算（见式（1）~式（6））：

① 对星形接法的绕组。

$$R_U = R_{med} - R_{VW} \tag{1}$$

$$R_V = R_{med} - R_{WU} \tag{2}$$

$$R_W = R_{med} - R_{UV} \tag{3}$$

② 对三角形接法的绕组。

$$R_U = \frac{R_{VW} \times R_{WU}}{R_{med} - R_{UV}} + R_{UV} - R_{med} \tag{4}$$

$$R_V = \frac{R_{VW} \times R_{UV}}{R_{med} - R_{VW}} + R_{VW} - R_{med} \tag{5}$$

$$R_W = \frac{R_{UV} \times R_{VW}}{R_{med} - R_{WU}} + R_{WU} - R_{med} \tag{6}$$

式中　$R_{med} = (R_{UV} + R_{VW} + R_{WU})/2$；

R_{UV}、R_{VW}、R_{WU}——出线端 U 与 V、V 与 W 和 W 与 U 之间测得的电阻值，单位为毫欧（mΩ）；

R_U、R_V 和 R_W——各相的相电阻，单位为（mΩ）。

4. 绝缘电阻

（1）测量时被试样品的状态。

绝缘电阻试验应分别在被试样品实际冷状态或热状态（如温升试验或高低温试验或湿热试验后）下进行。常规测试时，如无其他规定，绝缘电阻仅在实际冷状态下测量，并记录被试样品周围介质的温度。若需要在热状态下或者冷却回路通有冷却液的情况下测量绝缘电阻，则周围介质温度指试验时被试样品所在空间的温度或者冷却液的温度。

（2）兆欧表的选用。

应根据被测绕组（或测量点）的最高工作电压选择兆欧表。当最高工作电压不超过 250 V 时，应选用 500 V 兆欧表；当最高工作电压超过 250 V，但是不高于 1 000 V 时，应选用 1 000 V

兆欧表。测量时，应在兆欧表指针或者显示数值达到稳定后再读取数值。

（3）驱动电机定子绕组对机壳的绝缘电阻。

如果各绕组的始末端单独引出，则应分别测量各绕组对机壳的绝缘电阻，不参加试验的其他绕组和埋置的检温元件等应与铁芯或机壳作电气连接，机壳应接地。当中性点连在一起而不易分开时，则测量所有连在一起的绕组对机壳的绝缘电阻。测量结束后，每个回路应对接地的机壳作电气连接使其放电。

（4）驱动电机定子绕组对温度传感器的绝缘电阻。

如果驱动电机埋置有温度传感器，则应分别测量定子绕组与温度传感器之间的绝缘电阻。如果各绕组的始末端单独引出，则应分别测量各绕组对温度传感器的绝缘电阻，不参加试验的其他绕组和埋置的其他检温元件等应与铁芯或机壳作电气连接，机壳应接地。当绕组的中性点连在一起而不易分开时，则测量所有连在一起的绕组对温度传感器的绝缘电阻。测量结束后，每个回路应对接地的机壳作电气连接使其放电。

拓展阅读

十一、永磁同步电机永磁转子安装形式

永磁同步电机永磁转子的安装形式可分为三大类型：

1. 表面凸出式永磁转子

表面凸出式永磁转子的磁极安装在转子铁芯圆周表面上，如图1-2-36所示。

2. 表面嵌入式永磁转子

表面嵌入式永磁转子的永磁体嵌装在转子铁芯表面，如图1-2-37所示。

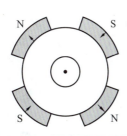

图1-2-36 表面凸出式永磁转子

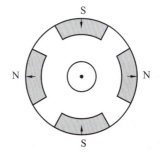

图1-2-37 表面嵌入式永磁转子

3. 内埋式永磁转子

内埋式永磁转子的永磁体嵌装在转子铁芯内部，如图1-2-38所示。

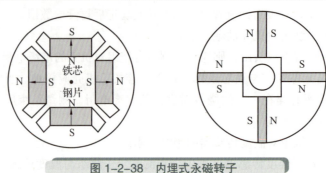

图 1-2-38 内埋式永磁转子

实践技能

十二、驱动电机的检修

安全注意事项：

因驱动电机由高压供电工作，所以应做好高压安全防护。

（1）当举升车辆，操作人员位于车辆底部时，应穿戴绝缘头盔、绝缘手套、绝缘鞋和护目镜。

（2）当插拔驱动电机相关高压线束时，应按正确操作规范先进行下电操作，再进行其他相关操作。

电机故障集电气与机械于一体，在征兆的表现上呈多样性，既有机械故障的一般特性，也有电气、磁场等故障特性。长期以来，人们通过大量的故障结果分析发现，电机故障按其原因分，70%左右源于机械故障（主要是轴承故障），30%左右源于电气故障（主要是绕组故障）。

（1）机械方面常见的故障有扫膛、振动、轴承过热、损坏等。

①一般由于轴承严重超差及端盖内孔磨损或端盖止口与机壳止口磨损变形，使电机壳、端盖、转子三者不同轴心引起扫膛，如图 1-2-39 所示。

②振动多数是由于转子动平衡不好，以及轴承不良，转轴弯曲，端盖、电机壳与转子不同轴心，紧固件松动等造成。振动不但会产生噪声，还会产生额外负荷。

③轴承过热多数是由于轴承的配合公差太紧或太松、轴承损坏等引起。

（2）电气故障常见的有电压不正常、绕组绝缘故障、绕组短路、绕组断路、缺相运行等。

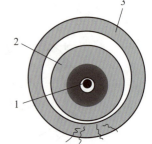

图 1-2-39 电机扫膛
1—轴；2—定子；3—转子

①电压偏高会使励磁电流增大，导致电机过热，过高的电压会危及电机的绝缘，使其有被击穿的危险。电压过低，电磁转矩会大大降低，相同负载下导致电机转速下降。三相绕组电压不对称，即一相电压偏高或偏低时，会导致某相电流过大、电机发热而损坏绕组。

②绕组绝缘受到损坏,使绕组的导体与铁芯或机壳之间相碰即为绕组绝缘故障。电机绝缘故障时容易产生触电危险。

③绕组短路故障。绕组中相邻两条导线之间的绝缘损坏后,使两导体相碰,就称为绕组短路。发生在同一绕组中的绕组短路称为匝间短路,如图1-2-40所示,发生在两相绕组之间的绕组短路称为相间短路,如图1-2-41所示。无论哪种短路,都会引起某一相或两相电流增加,引起局部过热,使绝缘老化,损坏电机。

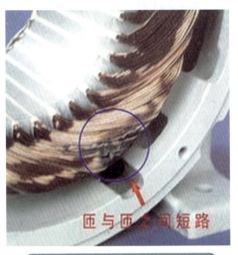

图 1-2-40 匝间短路

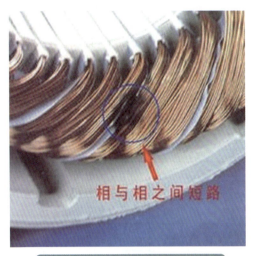

图 1-2-41 相间短路

④绕组断路故障。绕组断路是指电机的定子或转子绕组碰断或烧断造成的故障。

⑤电机缺相运行故障。永磁同步电机在运行过程中,断了一相绕组就会形成缺相运行。如果电机的负载没有改变,则电机处于严重过载状态,定子电流将达到额定值的二倍甚至更高,时间稍长电机就会烧毁。

(3)电机故障检查方法。

①听。认真细听电机的运行声音是否异常。可将车辆举升,使驱动电机运转,借助螺丝刀或听棒等辅助工具,贴近电机两端听,以便发现电机是否存在不良振动。

②闻。通过闻电机的气味也能判断故障。若发现有特殊的油漆味,则说明电机内部温度过高;若发现较重的煳味,则可能是绝缘层被击穿或绕组已烧毁。

③摸。摸电机一些部位的温度也可判断故障原因。用手背去碰触电机壳、轴承周围部分,若发现温度异常,其原因可能为散热不良、电机过载、定子绕组匝间短路或三相电流不平衡,若轴承周围温度过高,则可能是轴承损坏。

④绝缘电阻测量。使用摇表或绝缘测试仪的1 000 V挡位测量电机三相绕组引出线与机壳之间的绝缘电阻,大于500 Ω/V或电机整体绝缘电阻大于2 MΩ表明电机绝缘良好。

因绝缘故障会导致触电事故,所以新能源汽车车载诊断系统对绝缘故障均有良好的检测与报警功能。当车辆高压系统出现绝缘故障时,组合仪表会提示车辆存在严重故障或标明绝缘故障。

十三、比亚迪 e5 驱动电机的检测

比亚迪 e5 驱动电机的主要检测项目如表 1-1-3 所示。

表 1-1-3　比亚迪 e5 驱动电机的主要检测项目

检测项目	要求
检查驱动电机外观标识	□检查并记录电机外观实际情况 □检查并记录电机铭牌信息 □转动手柄进行空转检查并记录
检查驱动电机冷却密封回路	□检查冷却密封回路 □安装（加气时不能漏气）冷却密封仪和堵头 □用压缩空气加压 200 kPa，保持 15 min 不下降，表明密封良好
测量冷态绝缘电阻	□测量并记录冷态绝缘电阻
测量绕组	□用接地电阻表电阻挡测量并记录绕组短路情况 □用数字万用表交流电压挡测量并记录绕组断路情况（转动手柄的同时观察万用表是否有数据显示）
测量旋变传感器	□用数字万用表电阻挡测量并记录旋变传感器各电阻
测量温度传感器	□用数字万用表电阻挡测量并记录定子温度传感器各电阻

根据以上检测项目完成作业，并将结果记录在表 1-1-4 中。

表 1-1-4　检测项目完成结果

序号	测试项目	技术要求	结果
1	外观	电机表面不应有锈蚀、碰伤、划痕，涂覆层不应有剥落，紧固件连接牢固，接线端完整无损	
2	标识	电机铭牌标识是否清楚，字迹是否清晰	
		（1）工作电压：	
		（2）最大功率：	
		（3）最高转速：	
		（4）防护等级：	
		（5）绝缘等级：	
		（6）型号：	
		（7）最大转矩：	
3	空转检查	无定、转子相擦或异响	

续表

序号	测试项目	技术要求	结果	
4	冷却回路密封性	标准要求：不低于 200 kPa，保压 15 min，无泄漏		
5	冷态绝缘电阻	兆欧表电压等级：1 000 V		
		标准要求：≥ 20 MΩ	U-壳	
			V-壳	
			W-壳	
		兆欧表电压等级：1 000 V		
		标准要求：≥ 20 MΩ	U-温度传感器	
			V-温度传感器	
			W-温度传感器	
6	绕组短路检查	测试条件：使用接地电阻表进行绕组间的电阻测量	U-V	
			V-W	
			W-U	
7	绕组断路检查	测试条件：使用专用工具转动电机，通过数字万用表测量电机绕组间的电压	U-V	
			V-W	
			W-U	
8	旋变传感器绕组阻值检查	标准要求：(12.5±2) Ω	正弦	
		标准要求：(12.5±2) Ω	余弦	
		标准要求：(6.5±2) Ω	励磁	
9	电机绕组温度传感器阻值检查	标准要求：10℃~40℃温度下，50.04~212.5 kΩ		

单元小结

1. 电机是指依据电磁感应原理实现电能的生产、传输和使用的能量转换机械。

2. 永磁同步电机：（1）磁动势由永磁体产生，磁动势、电压和电流的波形均为正弦波形。（2）转子为使用稀土材料的永磁体，不需要额外励磁，可节省动力电池的电力。（3）具有结构简单、体积小、重量轻、损耗小、效率高、功率因数高等优点，主要用于要求响应快速、调速范围宽、定位准确的高性能伺服传动系统和直流电机的更新替代电机，但控制较复杂，价格较高。

3. 驱动电机系统由驱动电机、电机控制器等组成。电机控制器通过U、V、W三相动力线给驱动电机供电，驱动电机通过信号线将电机转子位置信号及定子温度信号传给电机控制器。

永磁同步电机更换

任务导入

小王在新能源汽车某 4S 店工作，今天接了一辆比亚迪 e5 纯电动汽车，经检查该车在行驶中存在异响，师傅告知小王需要更换驱动电机。你知道如何安全、规范地更换驱动电机吗？

学习目标

1. 能通过与客户交流、查阅相关维修技术资料等方式获取车辆信息。
2. 能根据故障现象选择合适的维修手册。
3. 能正确更换驱动电机。
4. 能根据维修手册对驱动电机进行拆装。

理论知识

一、驱动电机基本概念

纯电动汽车与普通燃油汽车最主要的区别在于电机驱动系统，电机往往具有电驱动和发电两种功能，满足车辆在驱动行驶和减速制动等多种工作模式的需要。

驱动电机系统是纯电动汽车三大核心系统之一，是车辆行驶的主要执行机构，其特性决定了车辆的主要性能指标，直接影响车辆动力性、经济性和用户驾乘感受。

1. 纯电动汽车对电动机的基本要求

纯电动汽车上驱动电机的运行与一般的工业应用不同，工况非常复杂，对驱动电机有很高的要求。

（1）纯电动汽车用驱动电机应具有瞬时功率大，过载能力强（过载系数应为 3~4），加速性能好，使用寿命长的特点。

（2）纯电动汽车用驱动电机应具有宽广的调速范围，包括恒转矩区和恒功率区。在恒转矩区，要求低速运行时具有大转矩，以满足起步和爬坡的要求；在恒功率区，要求低转矩时具有较高速度，以满足汽车在平坦路面能够高速行驶。

（3）纯电动汽车用驱动电机应能够在汽车减速时实现再生制动，将能量回收并反馈回动力电池，提高纯电动汽车的能量利用率。这是在内燃机汽车上所不能实现的。

（4）纯电动汽车用驱动电机应在整个运行范围内，具有高的效率，以提高单次充电续驶里程。

（5）纯电动汽车用驱动电机还应具有可靠性高，能够在恶劣环境下长期工作，结构简单重量轻，运行噪声低，维修方便，价格便宜等特点。

2. 电机能量转换特点

电机是指依据电磁感应原理实现电能的生产、传输和使用的能量转换机械，如图1-3-1所示。

发电机：将机械能转换为电能。

电动机：将电能转换为机械能。

电机的可逆性：一台电机既可以作电动机运行，也可以作发电机运行。

图1-3-1 电动机与发电机作用

二、电机的分类和特点

电机按照运行的方式分为静止电机、旋转电机和直线电机。按照通入电流的类型可分为直流电机和交流电机。电动汽车上使用的电机有无刷直流电机、永磁同步电机、异步电机（感应电机）和开关磁阻式电机，如图1-3-2所示。

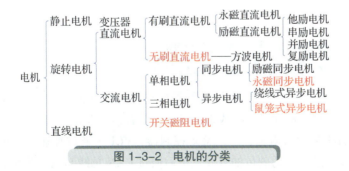

图1-3-2 电机的分类

无刷直流电机主要应用：微型低速电动车。

永磁同步电机主要应用：绝大多数电动汽车。

异步电机主要应用：个别电动汽车，如特斯拉。
开关磁阻式电机主要应用：部分电动大客车。
各类电机的特点如下：

1. 永磁同步电机

（1）磁动势由永磁体产生，磁动势、电压和电流的波形均为正弦波形。
（2）转子为使用稀土材料的永磁体，不需要额外励磁，可节省动力电池的电力。
（3）具有结构简单、体积小、重量轻、损耗小、效率高、功率因数高等优点，主要用于要求响应快速、调速范围宽、定位准确的高性能伺服传动系统和直流电机的更新替代电机，但控制较复杂，价格较高。

2. 直流无刷电机

（1）响应快速、起动转矩较大。
（2）外特性好，符合电动车的负载特性，调速范围大，电机效率较高，再生制动效果好，控制简单。
（3）电机体积较大，重量大，电机结构复杂。

3. 交流异步电机

（1）结构简单，成本低，比较坚固，容易做成高转速、高电压、大电流、大容量的电机。
（2）起动性和调速性较差。

4. 开关磁阻电机

（1）结构最为简单，电机上没有滑环、绕组和永磁体。
（2）仅在定子上有简单的集中绕组，绕组的端部较短，没有相间跨接线，维护修理容易。
（3）转速较高，效率较交流异步电机高。
（4）转子无永磁体，可允许较高温升。

三、驱动电机系统简介

驱动电机系统由驱动电机、电机控制器等组成。电机控制器通过U、V、W三相动力线给驱动电机供电，驱动电机通过信号线将电机转子位置信号及定子温度信号传给电机控制器。电机控制器的电力来自动力电池，一般整车控制器（VCU）通过加速踏板传感器、挡位以及制动踏板传感器等信息判断驾驶员的驾驶意图后通过CAN总线与电机控制器通信，电机控制器根据驱动电机当前的状态，向电机输出驱动电力使其运转。驱动电机及控制器在工作过程中会发热，影响其正常工作，所以一般驱动电机系统加装冷却系统，由电动水泵驱动，使冷却液在电机控制器与电机中循环冷却，再将热量带到散热器散发到大气中，如图1-3-3所示。

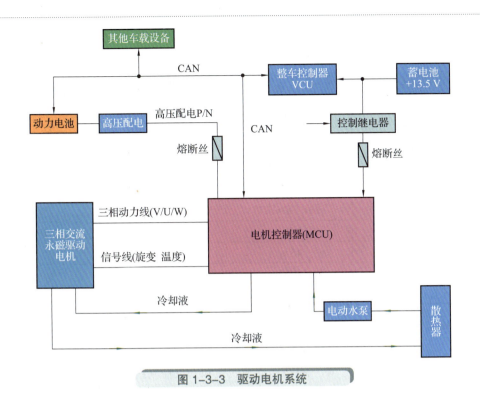

图 1-3-3 驱动电机系统

四、北汽EV160驱动电机系统

北汽EV160驱动电机系统由驱动电机、驱动电机控制器构成，通过高低压线束、冷却管路与整车其他系统作电气和散热连接。电机控制器位于前机舱的右侧上部，驱动电机位于前机舱下部，如图1-3-4所示。驱动电动机采用的永磁同步电机，具有效率高、体积小、重量轻及可靠性高等优点。

图 1-3-4 驱动电机的安装位置

1—电机控制器；2—高压控制盒；3—冷凝器；4—驱动电机

北汽 EV160 采用的驱动电机型号为 C33DB，具体技术指标参数如表 1-3-1 所示。

表 1-3-1 C33DB 驱动电机系统技术指标参数

驱动电机		电机控制器	
类型	永磁同步	直流输入电压	336 V
基速	2 812 r/min	工作电压范围	265~410 V
转速范围	9 000 r/min	控制电源	12 V
额定功率	30 kW	控制电源电压范围	9~16 V
峰值功率	53 kW	标称容量	85 kV·A
额定转矩	102 N·m	重量	9 kg
峰值扭矩	180 N·m	防护等级	IP67
重量	45 kg		
防护等级	IP67		
尺寸（定子直径 × 总长）	245 mm × 280 mm		

驱动电机与减速器通过螺栓连接在一起，再通过左侧、右侧和底部各 3 个固定螺栓共同固定在车身上，两侧的螺栓用来支撑电机及减速器的重量，底部的螺栓用来防止电机转动时产生旋转。驱动电机通过 U、V、W 三根高压动力线束和一束控制线束与电机控制器连接。减速器通过左右两根半轴将动力输出给左右两个前驱动轮。如图 1-3-5 所示。

驱动电机工作过程中由于线损等原因会产生热量，温度过高会导致永磁同步电机中的永磁体出现退磁现象，影响电机正常工作。为保证电机工作温度稳定，需对驱动电机进行水冷冷却。由电动水泵推动冷却液循环，将热量从驱动电机、电机控制器中带到散热器进行散热。电动冷却水泵由 12 V 低压电驱动。驱动电机上有一进一出共两个冷却水管接头，电机控制器上也有两个水管接头，如图 1-3-6 和图 1-3-7 所示。

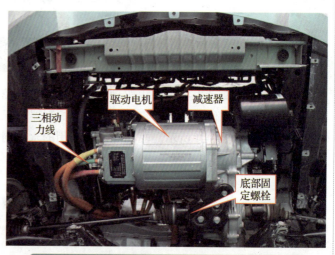

图 1-3-5 驱动电机及减速器总成在车身上的位置

图 1-3-6 驱动电机冷却液进水口

图 1-3-7 驱动电机冷却液出水口

驱动电机的驱动电力来自电机控制器的 U、V、W 三相高压动力线束，额定工作电压为交流 340 V。电机控制器的高压电力来自车辆底部的动力电池，如图 1-3-8 所示。

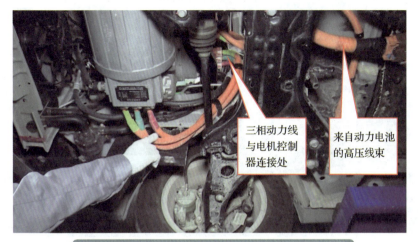

图 1-3-8　驱动电机高压线束连接关系

五、比亚迪 e5 驱动电机系统

比亚迪 e5 驱动电机系统由驱动电机、电机控制器及冷却系统构成，电机控制器模块集成在高压电控总成内，高压电控总成位于前机舱内，驱动电机位于前机舱下部，如图 1-3-9、图 1-3-10 所示。比亚迪 e5 驱动电机采用的永磁同步电机，最大功率 160 kW，最大转矩 310 N·m，工作电压 650 V，重量 65 kg，驱动电机铭牌及安装位置如图 1-3-11、图 1-3-12 所示。

图 1-3-9　高压电控总成

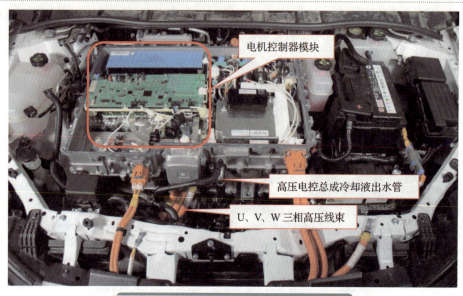

图 1-3-10　电机控制器模块

图 1-3-11　比亚迪 e5 驱动电机铭牌

图 1-3-12　比亚迪 e5 驱动电机安装位置

六、比亚迪e5驱动电机与其他部件的连接关系

驱动电机对外有低压线束连接、高压线束连接和散热水管的连接。驱动电机通过低压线束将电机当前的转速、转子位置、定子绕组温度等信息传送给高压电控总成内的电机控制器模块,电机控制器模块接收来自动力电池的高压直流电,通过U、V、W三相高压线束控制驱动电机的运转速度、转矩、正反转以及驱动和发电两种工作模式。电动水泵运转输送冷却液至高压电控总成的冷却水道,再通过管路流入驱动电机的冷却水道,进而对电机控制器模块和驱动电机进行冷却散热,冷却液再由驱动电机冷却水道流向冷却液散热器,对冷却液进行散热,如此往复循环。比亚迪e5高压电控总成进水口、驱动电机冷却液进出口以及高压电控总成中间冷却水道如图1-3-13~图1-3-15所示。

图1-3-13 比亚迪e5高压电控总成进水口

图1-3-14 比亚迪e5驱动电机冷却液进出口

图1-3-15 比亚迪e5高压电控总成中间冷却水道

> **拓展阅读**

七、驱动电机系统的术语和定义

国家标准《GBT 18488.1—2015 电动汽车用驱动电机系统第 1 部分：技术条件》中关于驱动电机系统的部分术语和定义：

1. 驱动电机系统（Drive Motor System）

其是指驱动电机、驱动电机控制器及它们工作必需的辅助装置的组合。

2. 驱动电机（Drive Motor）

其是指将电能转换成机械能为车辆行驶提供驱动力的电气装置，该装置也可具备机械能转化成电能的功能。

3. 驱动电机控制器（Drive Motor Controller）

其是指控制动力电源与驱动电机之间能量传输的装置，由控制信号接口电路、驱动电机控制电路和驱动电路组成。

4. 直流母线电压（DC Bus Voltage）

其是指驱动电机系统的直流输入电压。

5. 额定电压（Rated Voltage）

其是指直流母线的标称电压。

6. 最高工作电压（Maximum Voltage）

其是指直流母线电压的最高值。

7. 输入输出特性（Input&Output Characteristic）

其是指表征驱动电机、驱动电机控制器或驱动电机系统的转速、转矩、功率、效率、电压、电流等参数间的关系。

8. 持续转矩（Continuous Torque）

其是指规定的最大、长期工作的转矩。

9. 持续功率（Continuous Power）

其是指规定的最大、长期工作的功率。

10. 转速控制精度（Speed Control Accuracy）

其是指转速实际值与转速期望值的偏差，或转速实际值与转速期望值的偏差占转速期望值的百分比。

11. 转矩控制精度（Torque Control Accuracy）

其是指转矩实际值与转矩期望值的偏差，或转矩实际值与转矩期望值的偏差占转矩期望值的百分比。

12. 转速响应时间（Respond Time of Speed）

其是指驱动电机控制器从接收到指令信息开始至第一次达到规定容差范围的期望值所经过的时间。

13. 转矩响应时间（Respond Time of Torque）

其是指驱动电机控制器从接收到指令信息开始至第一次达到规定容差范围的期望值所经过的时间。

14. 主动放电（Active Discharge）

其是指当驱动电机控制器被切断电源，切入专门的放电回路后，控制器支撑电容快速放电的过程。

15. 被动放电（Passive Discharge）

其是指当驱动电机控制器被切断电源后，不切入专门的放电回路，控制器支撑电容自然放电的过程。

16. 驱动电机控制器支撑电容放电时间（Drive Motor Controller Support Capacitor Discharge Duration）

其是指当驱动电机控制器被切断电源后，驱动电机控制器支撑电容放电至60 V所经过的时间。

17. 驱动电机控制器工作电流（Drive Motor Controller Current）

其是指驱动电机控制器正常工作时，其与驱动电机各相连接的各动力线上的电流。

18. 驱动电机控制器持续工作电流（Drive Motor Controller Continuous Current）

其是指能够长时间持续工作的驱动电机控制器工作电流最大值。

19. 驱动电机控制器短时工作电流（Drive Motor Controller Short-time Current）

其是指能够在规定的短时间内正常工作的驱动电机控制器工作电流最大值。

20. 驱动电机控制器最大工作电流（Controller Maximum Current）

其是指能达到并能承受的驱动电机控制器工作电流最大值。

21. 驱动电机系统效率（Drive Motor System Efficiency）

其是指驱动电机系统的输出功率与输入功率的百分比。

22. 电压等级

其是指驱动电机系统直流母线额定电压取以下等级：36 V、48 V、60 V、72 V、80 V、120 V、144 V*、168 V、192 V、216 V、240 V、264 V、288 V*、312 V*、336 V*、360 V、384 V*、408 V、540 V、600 V*、650 V、700 V、750 V。

注：标有"*"的为优选等级。

实践技能

八、比亚迪 e5 驱动电机更换

当出现驱动电池运行中异响、驱动电机转子消磁、驱动电机温度传感器损坏、驱动电机绝缘故障、驱动电机无法运转等问题时，需将驱动电机从车身上拆下检测维修或更换。

安全注意事项：

拆卸电机之前必须严格按照规范进行下电操作，因为拆卸驱动电机需要断开电机与电机控制器之间的高压线束，所以要注意高压安全防护。为确保安全，最好由两人共同完成电机及减速器的拆装。

比亚迪 e5 驱动电机更换过程：

1. 拆下动力总成

首先按照规范流程拆下驱动电机动力总成，如图 1-3-16 所示。

图 1-3-16 拆下驱动电机动力总成

2. 将驱动电机与变速箱分开

交错拧开用于固定变速箱箱体与驱动电机的六角法兰面螺栓，将变速箱与驱动电机分离。

3. 安装驱动电机

更换修复的驱动电机或安装新的驱动电机，安装固定变速箱箱体与驱动电机的六角法兰面螺栓，紧固力矩 100 N·m。

4. 安装动力总成

按照规范流程安装动力总成。

九、比亚迪 e5 驱动电机拆装

当驱动电机出现故障时，可能需要对电机进行解体检测或维修，下面对从车上拆下来的驱动电机进行拆装。

拆下驱动电机三相线束接线盒盖上的4个安装螺栓（8 mm 套头），取下接线盒盖，如图 1-3-17 所示。

拆下三相线束端子与电机的3个连接螺栓以及三相线束与电机外端的2个固定螺栓（8 mm 套头）后拔下驱动电机三相线束，如图 1-3-18 所示。

拆下驱动电机后盖上15个连接螺栓（10 mm 套头），如图 1-3-19 所示。

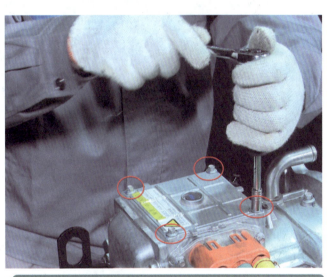

图 1-3-17 拆下驱动电机三相线束接线盒盖上的4个安装螺栓

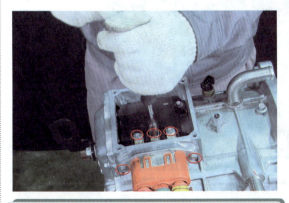

图 1-3-18 拆下三相线束端子与电机的3个连接螺栓

图 1-3-19 拆下驱动电机后盖上15个连接螺栓

拆下驱动电机旋变和温度传感器接头固定螺栓（8 mm 套头），并拔下驱动电机旋变和温度传感器接头，如图 1-3-20、图 1-3-21 所示。

图 1-3-20　拆下驱动电机旋变和温度传感器接头固定螺栓　　图 1-3-21　拔下驱动电机旋变和温度传感器接头

使用锤子向外均匀敲击后盖，使其与壳体脱开，如图 1-3-22、图 1-3-23 所示。

图 1-3-22　使用锤子向外均匀敲击后盖　　图 1-3-23　取下驱动电机后盖

使用工具压出电机转子，如图 1-3-24 所示。

驱动电机解体完毕，如图 1-3-25 所示，对驱动电机进行检测或维修后装入驱动电机转子，如图 1-3-26 所示。

图 1-3-24　压出电机转子

任务3 永磁同步电机更换

图1-3-25 驱动电机解体

图1-3-26 装入驱动电机转子

将驱动电机旋变和温度传感器接头装入后盖相应的孔内，按压后盖使其端面与驱动电机壳体平齐，如图1-3-27所示。

后面继续安装驱动电机旋变和温度传感器接头固定螺栓，安装驱动电机后盖上15个连接螺栓（紧固力矩25 N·m），安装三相线束，安装三相线束与电机外端的2个固定螺栓，安装三相线束端子与电机的3个连接螺栓，安装接线盒盖，安装接线盒盖上的4个安装螺栓，驱动电机安装完毕，如图1-3-28所示。

图1-3-27 安装驱动电机后盖

图1-3-28 驱动电机安装完毕

单元小结

1. 驱动电机系统是纯电动汽车三大核心部件之一，是车辆行驶的主要执行机构，其特性决定了车辆的主要性能指标，直接影响车辆动力性、经济性和用户驾乘感受。

2. 驱动电机系统由驱动电机、驱动电机控制器构成，通过高低压线束、冷却管路，与整车其他系统作电气和散热连接。

3. 比亚迪e5驱动电机采用永磁同步电机，最大功率160 kW，最大转矩310 N·m，工作电压650 V。

感应电机检测

任务导入

小王在新能源汽车某 4S 店工作，今天接了一辆特斯拉 MODEL S 纯电动汽车，经检查该车在行驶中存在异响，师傅告知小王需拆下电机及减速器进行检查。你知道如何安全、规范地将感应电机进行拆装和检测吗？

学习目标

1. 能通过与客户交流、查阅相关维修技术资料等方式获取车辆信息。
2. 能根据故障现象选择合适的维修手册。
3. 能正确对交流感应电机进行拆卸及安装。
4. 能根据维修手册对感应电机进行检测。

理论知识

一、感应电机基本概念

在 20 世纪 80 年代之前，电动车的原型机中多使用直流电机，其特性非常适合道路负载并且控制简单。然而，体积大和需要维护的特点限制了其在电动车乃至电机驱动领域的应用。现代电动汽车中大都采用交流电机，包括感应电机、永磁电机和开关磁阻电机。

其中，感应电机技术非常成熟，过去半个世纪在感应电机驱动方面进行了大量的研究和开发工作。感应电机是目前工业中应用十分广泛的一类电机，其特点是定、转子由硅钢片叠压而成，两端用铝盖封装，定、转子之间没有互相接触的机械部件，结构简单，运行可靠耐用，维修方便，如图 1-4-1 所示。

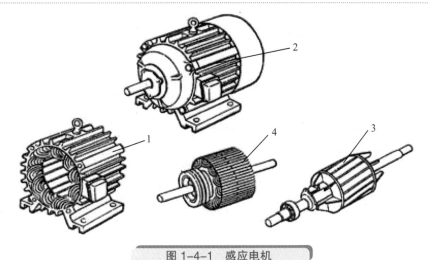

图 1-4-1 感应电机
1—定子；2—感应电机；3—鼠笼式转子；4—绕线式转子

感应电机的转子上没有永磁体，也无须换向器、电刷，使得感应电机具有结构简单、制造方便、成本低、可靠性好等优点，感应电机的控制也较为成熟。

感应电机的转子上没有线圈绕组，也没有永磁体，结构简单坚固，耐高温能力强，不需要维护。

感应电机与同功率的直流电机相比效率更高，质量约轻了一半。如果采用矢量控制的控制方法，则可以获得与直流电机相媲美的可控性和更高的调速范围。由于有着效率高、比功率大、适合于高速运转等优势，感应电机在目前大功率电动汽车上应用较广。

感应电机在高速运转时，电机转子发热严重，工作时要保证电机冷却，同时感应电机的驱动和控制系统较复杂，运行时还需要变频器提供额外的无功功率来建立磁场，故相比永磁同步电机和开关磁阻电机，感应电机的效率和功率密度偏低，不是能效最优化的选择。

感应电机在新能源汽车上应用较多的地区是美国，这被认为和路况有关。在美国，高速公路具有一定的规模，除了大城市外，汽车一般以一定的高速持续行驶，所以高速运转而且在高速时有较高效率的感应电机得到了广泛应用。

在电动汽车发展的早期，很多电动汽车都是采用直流电动机方案，主要是看中了直流电机的产生成熟，控制方式容易，调速优良的特点。但由于直流电机本身的短板非常突出，其自身复杂的机械结构（电刷和机械换向器等），制约了它的瞬时过载能力和电机转速的进一步提高；而且在长时间工作的情况下，电机的机械结构会产生损耗，提高了维护成本。此外，电机运转时的电刷火花会使转子发热，浪费能量，散热困难，还会造成高频电磁干扰，这些因素都会影响具体整车性能。由于直流电机的缺点非常突出，目前电动汽车已经将直流电机淘汰。

二、感应电机的组成结构

感应电机由两个基本部分组成：定子和转子。如图 1-4-2 所示。

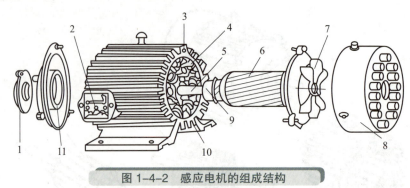

图 1-4-2 感应电机的组成结构

1—轴承盖;2—接线盒;3—定子铁芯;4—定子绕组;5—转轴;6—转子;7—风扇;8—罩壳;
9—轴承;10—机座;11—端盖

1. 定子

定子在空间静止不动,主要由定子铁芯、定子绕组、机座和底脚等部分组成。

(1)定子铁芯。

定子铁芯呈圆筒状,装入机座内,它是电机主磁通磁路的一部分,如图1-4-3所示。为了减小铁芯损耗,它是由厚度为 0.5 mm,片间用绝缘漆绝缘的硅钢片叠装压紧而成的。定子铁芯圆周内表面沿轴向有均匀分布的直槽,用以嵌放定子绕组。为了增加散热面积,当定子铁芯比较长时,沿轴线方向上每隔一定距离有一条通风沟。

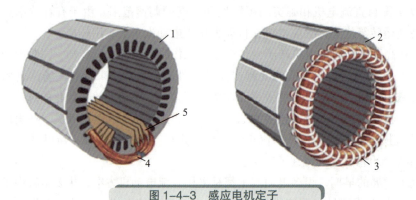

图 1-4-3 感应电机定子

1,2—定子铁芯;3,4—漆包线绕组;5—绝缘衬纸

(2)定子绕组。

定子绕组由在空间相差 120° 电角度,对称排列的结构完全相等的三相绕组组成。为了产生多对磁极的旋转磁场,每相绕组可以由多个线圈串联组成。每相绕组的各个导体按照一定的规律分散嵌放在定子铁芯槽内。三相定子绕组要与交流电源相接。为此,将三相定子绕组的首、末端都引到固定的电动机外壳的接线盒上。

(3)机座。

机座通常由铸钢或铸铁组成,是整个电机的支撑部分。为了加强散热能力,其外表面有散热筋。

2. 转子

转子是电动机的旋转部分，转子由转子铁芯和转子绕组组成。

（1）转子铁芯。

转子铁芯是电动机主磁通的一部分。转子铁芯固定在转轴上，可绕轴转动。与定子铁芯一样，转子铁芯也是由 0.5 mm 厚的硅钢片冲压而成。转子外表面分布有冲槽，槽内安放转子绕组，如图 1-4-4 所示。

（2）转子绕组。

转子绕组是自成闭路的短路线圈。转子绕组不需外接电源供电，其电流是由电磁感应作用产生的。它有两种结构形式：笼型转子和绕线式转子。

笼型转子是在铁芯槽内放置铜条，铜条两端用铜制短路环焊接起来。如图 1-4-5 所示。

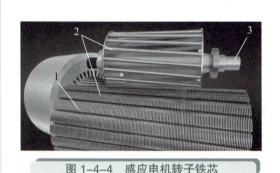

图 1-4-4　感应电机转子铁芯

1—转子铁芯；2—转子绕组（铝条）；3—转子轴

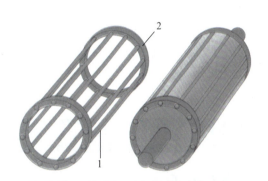

图 1-4-5　鼠笼式感应电机转子绕组

1—铜条；2—短路环

如果将定子铁芯去掉，转子绕组的形状如鼠笼，故称为笼型转子。现在，中、小型笼型电机的转子一般都采用铸铝转子，采用压力浇铸或离心浇铸的方法将转子槽中的导体、短路环以及端部的风扇铸造在一起，与转子铁芯形成一个整体。笼型转子的优点是结构简单、价格便宜、运行安全可靠、使用方便等，已成为使用最广泛的电机。

绕线式转子的绕组与定子绕组一样，也是三相对称绕组，按一定规律嵌放在转子表面的冲槽内。转子绕组通常接成星形，其三个末端连在一起，埋设在转子内，而三个首端则连接到装在转轴一端的三个铜制滑环上。如图 1-4-6 所示。

三个滑环之间，以及它们与转轴之间都是彼此绝缘的。滑环与固定在端盖上的电刷架内的电刷滑动接触。三相绕组的首端就通过这种电刷、滑环结构与外部变阻器相连接。如图 1-4-7 所示。

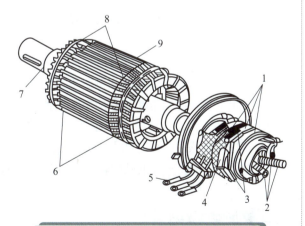

图 1-4-6　绕线式感应电机转子

1—滑环；2—转子绕组出线头；3—电刷；4—刷架；
5—电刷外接线；6—镀锌钢丝箍；7—转轴；
8—三相转子绕组；9—转子铁芯

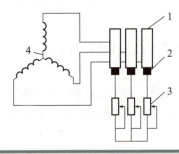

图 1-4-7 绕线式感应电机转子绕组与滑环接线方式

1—滑环；2—电刷；3—变阻器；4—三相转子绕组

为了保证转子能够自由旋转，在定子与转子之间必须留有一定的空气隙。中小型电动机的空气隙为 0.2~1.5 mm。气隙的大小对感应电机的运行有很大影响。气隙越小，则磁路中的磁阻越小，定子与转子之间的互相感应作用就越好，可以降低电机的励磁电流，提高电机的功率因数。但是气隙过小，会对电机的装配带来困难，对定转子的同心度要求也会很高，并导致运行不可靠。

三、感应电机工作原理

1. 基本原理

为了说明感应电机的工作原理，我们做如下演示实验，如图 1-4-8 所示。

（1）演示实验：在装有手柄的蹄形磁铁的两极间放置一个闭合导体，当转动手柄带动蹄形磁铁旋转时，发现导体也跟着旋转。若改变磁铁的转向，则导体的转向也跟着改变。

（2）现象解释：当磁铁旋转时，磁铁与闭合的导体发生相对运动，鼠笼式导体切割磁力线而在其内部产生感应电动势和感应电流。感应电流又使导体受到一个电磁力的作用，于是导体就沿磁铁的旋转方向转动起来，这就是感应电机的基本原理。

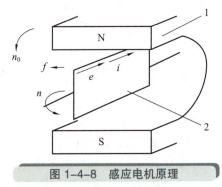

图 1-4-8 感应电机原理

1—磁铁；2—闭合线圈

（3）结论：欲使感应电机旋转，必须有旋转的磁场和闭合的转子绕组。

2. 旋转磁场

（1）旋转磁场的产生。

图 1-4-9 所示为最简单的三相定子绕组 AX、BY、CZ，它们在空间按互差 120° 的规律对称排列。并接成星形与三相电源 U、V、W 相联。则三相定子绕组便通过三相对称电流，随着电流在定子绕组中通过，在三相定子绕组中就会产生旋转磁场，如图 1-4-9 所示。

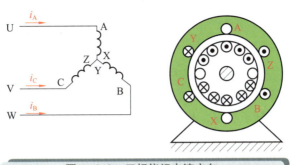

图 1-4-9 三相绕组电流方向

$$i_A = I_m \sin \omega t$$
$$i_B = I_m \sin (\omega t - 120°)$$
$$i_C = I_m \sin (\omega t - 240°)$$
（1-4-1）

当 $\omega t = 0°$ 时，$i_A = 0$，AX 绕组中无电流；i_B 为负，BY 绕组中的电流从 Y 流入 B 流出；i_C 为负，CZ 绕组中的电流从 C 流入 Z 流出。由右手螺旋定则可得合成磁场的方向向下，如图 1-4-10 所示。

当 $\omega t = 60°$ 时，i_B 为负，BY 绕组中电流从 Y 流入 B 流出；i_A 为正，AX 绕组中的电流从 A 流入 X 流出；$i_C = 0$，CZ 绕组中无电流。由右手螺旋定则可得合成磁场的方向顺时针旋转了 60°。

当 $\omega t = 90°$ 时，i_C 为负，CZ 绕组中电流从 Z 流入 C 流出；i_A 为正，AX 绕组中的电流从 A 流入 X 流出；i_B 为负，BY 绕组中电流从 Y 流入 B 流出。由右手螺旋定则可得合成磁场的方向逆时针旋转了 90°。

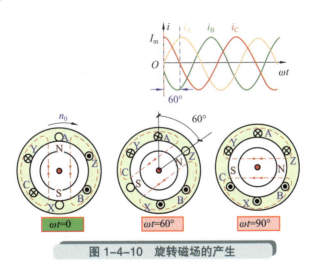

图 1-4-10 旋转磁场的产生

可见，当定子绕组中的电流变化一个周期时，合成磁场也按电流的相序方向在空间旋转一周。随着定子绕组中的三相电流不断做周期性变化，产生的合成磁场也不断旋转，因此成了旋转磁场。

（2）旋转磁场的方向。

旋转磁场的方向是由三相绕组中电流相序决定的，若想改变旋转磁场的方向，只要改变通入定子绕组的电流相序,即将三根电源线中的任意两根对调即可。这时,转子的旋转方向也跟着改变。

(3)转子转矩的产生。

三相对称绕组通过三相对称电流产生圆形旋转磁场,磁场在旋转过程中切割转子绕组。如图1-4-11所示,逆时针旋转的定子磁场切割转子绕组,相当于转子绕组顺时针切割定子磁场,根据右手螺旋定则,转子绕组产生如图1-4-11所示感应电流,再根据左手定则可知转子绕组在磁场作用下受电磁力作用,形成电磁转矩,驱动电机旋转,受力方向为逆时针方向,如图1-4-11所示。

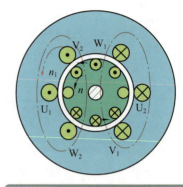

图1-4-11 转子转矩的产生

(4)感应电机的极数与转速。

极数:

感应电机的极数就是旋转磁场的极数。旋转磁场的极数和三相绕组的安排有关。

当每相绕组只有一个线圈,绕组的始端之间相差120°空间角时,产生的旋转磁场具有一对极,即$P=1$;

当每相绕组为两个线圈串联,绕组的始端之间相差60°空间角时,产生的旋转磁场具有两对极,即$P=2$。如图1-4-12所示,AX与A′X′是U相上的两个串联线圈,BY与B′Y′是V相上的两个串联线圈,CZ与C′Z′是W相上的两个串联线圈,如图1-4-12所示。

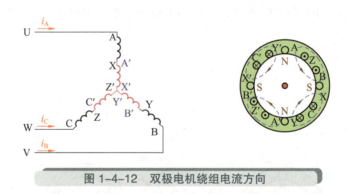

图1-4-12 双极电机绕组电流方向

同理,如果要产生三对极,即$P=3$的旋转磁场,则每相绕组必须有均匀安排在空间的串联的三个线圈,绕组的始端之间相差40°空间角。磁极对数P与绕组的始端之间的空间角θ的关系为:$\theta = \dfrac{120°}{P}$。

转速:

感应电机旋转磁场的转速n_0与电动机磁极对数P有关,它们的关系是:

$$n_0 = \frac{60f_1}{P} \tag{1-4-2}$$

由式(1-4-2)可知,旋转磁场的转速n_0决定于电流频率f_1和磁场的磁极对数P。所以当三相输入的电角度改变60°时,定子旋转磁场仅旋转30°,为$P=1$时的一半,如图1-4-13所示。

转差率：

电机转子转动方向与磁场旋转的方向相同，但转子的转速 n 不可能达到与旋转磁场的转速 n_0 相等，否则转子与旋转磁场之间就没有相对运动，因而磁力线就不切割转子导体，转子电动势、转子电流以及转矩也就不存在了。所以旋转磁场与转子之间存在转速差，因此又把这种电机称为异步电机，又因为这种电机的转动原理是建立在电磁感应基础上的，故称为感应电机。

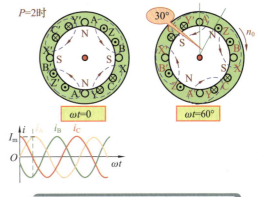

图 1-4-13 双极电机磁场转角

旋转磁场的转速 n_0 常称为同步转速。

转差率 S 用来表示转子转速 n 与磁场转速相差的程度的物理量。即

$$S = \frac{n_0 - n}{n_0} = \frac{\Delta n}{n_0} \quad (1-4-3)$$

转差率是感应电机的一个重要的物理量。感应电机起动时 $n=0$，$S=1$；$n=n_0$ 时，$S=0$；额定工况下一般 $S=1.5\%\sim6\%$。

3. 机械特性

在一定的电源电压和转子电阻下，感应电机的转矩 T 与转差率 n 之间的关系曲线称为电机的特性曲线，如图 1-4-14 所示。

（1）额定转矩 T_N。

额定转矩 T_N 是感应电机带额定负载时，转轴上的输出转矩。n_N 为额定转矩时的输出转速。

（2）最大转矩 T_{max}。

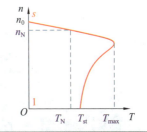

图 1-4-14 感应电机机械特性曲线

T_{max} 又称为临界转矩，是电机可能产生的最大电磁转矩。它反映了电机的过载能力。

最大转矩 T_{max} 与额定转矩 T_N 之比称为电动机的过载系数，一般三相感应电机的过载系数在 1.8~2.2。

在选用电机时，必须考虑可能出现的最大负载转矩，根据所选电机的过载系数算出电机的最大转矩，它必须大于最大负载转矩，否则，就要重选电机。

（3）起动转矩 T_{st}。

T_{st} 为电机起动初始瞬间的转矩，即 $n=0$，$S=1$ 时的转矩。

为确保电机能够带额定负载起动，必须满足：$T_{st}>T_N$，一般的感应电机 $T_{st}/T_N=1\sim2.2$。

四、感应电机在纯电动汽车上的应用

感应电机主要是以特斯拉为首的美国车企和部分欧洲车企使用，中、日在内的其他国家

使用最广泛的新能源汽车电机仍是永磁同步电机,永磁同步电机在我国新能源汽车中的使用占比超过90%。

特斯拉选择感应电机,一方面与特斯拉最初的技术路径选择有关,感应电机价格低廉,而偏大的体积对于美式车并无挂碍;另一方面,美国高速路网发达,行车环境多为高速长途行驶,感应电机在高速区间效率性能上佳。图1-4-15所示为特斯拉MODEL S。

特斯拉使用感应电机的优势如下:

(1)感应电机应用在汽车上最大的缺陷是很难控制转子的旋转速度,随着半导体控制技术的发展,特斯拉已解决了这个问题。

(2)感应电机能耐受大幅度的工作温度变化,相反,温度大幅度变化会损坏永磁电机。

(3)感应电机的输出扭矩可以在大范围内调整,无须安装第二套乃至第三套传动机构。特斯拉设计的电机转速能达到6 000 r/min,并且能产生最高为400 N·m的扭矩,能在加速或爬坡时强制提高输出扭矩,永磁电机的电动汽车要通过齿轮变速器输出更多的扭矩提高加速能力。

(4)由于感应电机对温度耐受范围大,故特斯拉的电机不需要像其他电动车那样安装散热器、冷却风扇、水泵及相关管路等,也无须安装其余的传动机构,因此其电机的体积和重量大大缩小。特斯拉电机的体积类似西瓜,重量为52 kg。特斯拉MODEL S感应电机如图1-4-16所示。

图1-4-15 特斯拉MODEL S轿车

图1-4-16 特斯拉MODEL S感应电机

特斯拉MODEL S所采用的感应电机系统具有重量轻、效率高及结构紧凑的优点。特斯拉MODEL S性能参数如表1-4-1所示。

表1-4-1 特斯拉MODEL S性能参数

电池容量	60 kW·h	85 kW·h	85 kW·h 性能板
售出售价	62 400美元	72 400美元	87 400美元
车型	全尺寸四门运动轿车		
挡位	单个固定挡位,传动比9.73:1		
电动机	后置后驱,感应电机		

续表

最大功率	225 kW（5 000~8 000 r/min）	270 kW（6 000~9 500 r/min）	310 kW（5 000~8 600 r/min）
峰值扭矩	430 N·m（0~5 000 r/min）	440 N·m（0~5 800 r/min）	600 N·m（0~5 100 r/min）
0 至 96 km/h 加速	5.9 s	5.4 s	4.2 s
续航里程（特斯拉测定）	370 km	480 km	
续航里程（美国环保部测定）	335 km	426 km	
最高速度	193 km/h	201 km/h	209 km/h
电池保修	8 年 12.5 万英里[①]	8 年不限里程	
超级充电站	2 000 美元	终身免费	

拓展阅读

五、感应电机的调速与制动

1. 感应电机调速

调速就是同一负载下能得到不同的转速，以满足生产过程的要求。

调速的方法：

由

$$S = \frac{n_0 - n}{n_0} \tag{1-4-4}$$

可得

$$n = (1-S)n_0 = (1-S)\frac{60f}{P} \tag{1-4-5}$$

可见，可通过三条途径进行调速：改变电压频率 f，改变磁极对数 P，改变转差率 S。前两者是鼠笼式电机的调速方法，后者是绕线式电机的调速方法。

（1）变频调速。

此方法可获得平滑且范围较大的调速效果，具有硬的机械特性；但须有专门的变频装置——由可控硅整流器和可控硅逆变器组成，设备复杂，成本较高，应用范围不广。

（2）变极调速。

此方法不能实现无级调速，但它简单方便，常用于金属切割机或其他生产机械上。

（3）转子电路串电阻调速。

在绕线式感应电机的转子电路中，串入一个三相调速变阻器进行调速。

此方法能平滑地调节绕线式电机的转速，且设备简单、投资少；但变阻器增加了损耗，故常用于短时调速或调速范围不太大的场合。

由以上可知，感应电机的各种调速方法都不太理想，所以感应电机常用于要求转速比较稳定或调速性能要求不高的场合。

---

① 1 英里 =1.609 千米。

2. 感应电机的制动

制动是给电机一个与转动方向相反的转矩，促使它在断开电源后很快地减速或停转。

对电机制动，就是要求它的转矩与转子转动方向相反，这时的转矩成为制动转矩。

常见的电气制动方法有：

（1）反接制动。

当电机快速转动而需停转时，改变电压相序，使转子受一个与原转动方向相反的转矩而迅速停转。

注意：当转子转速接近零时，应及时切断电压，以免电机反转。

为了限制电流，对功率较大的电机进行制动时必须在定子电路或转子电路中接入电阻。

这种方法比较简单，制动力强，效果较好，但制动过程中的冲击也强烈，易损坏传动器件，且能量消耗较大，频繁反接制动会使电机过热。

（2）能耗制动。

电机脱离三相电源的同时，给定子绕组接入一直流电源，使直流电流通入定子绕组。于是在电动机中便产生一方向恒定的磁场，使转子受一与转子转动方向相反的 F 力的作用，于是产生制动转矩，实现制动。

直流电流的大小一般为电动机额定电流的 50%~100%。

由于这种方法是用消耗转子的动能（转换为电能）来进行制动的，因此称为能耗制动。

这种制动能量消耗小，制动准确而平稳，无冲击，但需要直流电流。

（3）发电反馈制动。

当转子的转速 n 超过旋转磁场的转速时，这时的转矩也是制动的。如，当起重机快速下放重物时，重物拖动转子，使其转速大于定子旋转磁场转速，重物受到制动而等速下降。

实践技能

六、感应电机检修

安全注意事项：

因感应电机由高压供电工作，所以应做好高压安全防护。

（1）当举升车辆，操作人员位于车辆底部时，应穿戴绝缘头盔、绝缘手套、绝缘鞋和护目镜。

（2）当插拔感应电机相关高压线束时，应按正确操作规范先进行下电操作，再进行其他相关操作，应穿戴绝缘头盔、绝缘手套、绝缘鞋和护目镜。

电机故障集电气与机械于一体，在征兆的表现上呈多样性，既有机械故障的一般特性，也有电气、磁场等故障特性。长期以来，人们通过大量的故障结果分析发现，电机故障按其原因分，70%左右源于机械故障（主要是轴承故障），30%左右源于电气故障（主要是绕组故障）。

（1）机械方面常见的故障有扫膛、振动、轴承过热、损坏等故障。

①一般由于轴承严重超差及端盖内孔磨损或端盖止口与机壳止口磨损变形，使电机壳、端

盖、转子三者不同轴心引起扫膛，如图1-4-17所示。

②振动多数是由于转子动平衡不好，以及轴承不良，转轴弯曲，端盖、机壳与转子不同轴心，紧固件松动等造成。振动不但会产生噪声，还会产生额外负荷。

③轴承过热多数是由于轴承的配合公差太紧或太松，轴承损坏等。

（2）电气故障常见的有电压不正常、绕组绝缘故障、绕组短路、绕组断路、缺相运行等。

图1-4-17　电机扫膛

①电压偏高会使励磁电流增大，导致电机过热，过高的电压会危及电机的绝缘，使其有被击穿的危险。电压过低，电磁转矩会大大降低，相同负载下导致电机转速下降。三相绕组电压不对称，即一相电压偏高或偏低时，会导致某相电流过大，电机发热而损坏绕组。

②绕组绝缘受到损坏，使绕组的导体与铁芯或机壳之间相碰即为绕组绝缘故障。电机绝缘故障时容易产生触电危险。

③绕组短路故障。绕组中相邻两条导线之间的绝缘损坏后，使两导体相碰，就称为绕组短路。发生在同一绕组中的绕组短路称为匝间短路，如图1-2-40所示。发生在两相绕组之间的绕组短路称为相间短路，如图1-2-41所示。无论哪种短路，都会引起某一相或两相电流增加，引起局部过热，使绝缘老化损坏电机。

④绕组断路故障。绕组断路是指电机的定子或转子绕组碰断或烧断造成的故障。

⑤电机缺相运行故障。永磁同步电机在运行过程中，断了一相绕组就会形成缺相运行。如果电机的负载没有改变，则电机处于严重过载状态，定子电流将达到额定值的2倍甚至更高，时间稍长电机就会烧毁。

（3）电机故障检查方法。

①听。认真细听电机的运行声音是否异常。可将车辆举升，使感应电机运转，借助螺丝刀或听棒等辅助工具，贴近电机两端听，以便发现电机是否存在不良振动。

②闻。通过闻电机的气味也能判断故障。若发现有特殊的油漆味，则说明电机内部温度过高；若发现较重的煳味，则可能是绝缘层被击穿或绕组已烧毁。

③摸。摸电机一些部位的温度也可判断故障原因。用手背去碰触电机壳、轴承周围部分，若发现温度异常，其原因可能为散热不良、电机过载、定子绕组匝间短路或三相电流不平衡，若轴承周围温度过高，则可能是轴承损坏。

④绝缘电阻测量。使用摇表或绝缘测试仪的500 V挡位测量电机三相绕组引出线与机壳之间的绝缘电阻，正常情况下应大于500 Ω/V或电机整体绝缘电阻大于2 MΩ，表明电机绝缘良好。电机定子绕组绝缘故障如图1-4-18所示。

因绝缘故障会导致触电事故，所以新能源汽车车载诊断系统对绝缘故障均有良好的检测与报警功能。当车辆高压系统出现绝缘故障时，组合仪表会提示车辆存在严重故障或标明绝缘故障。

⑤使用电桥箱或万用表检测定子绕组电阻。使用万用表笔挨个测量电机三相绕组输出线中任意两根输出线电阻，若一组的被测电阻与其他两组存在差别，则定子绕组存在短路的可能。如图1-4-19所示。

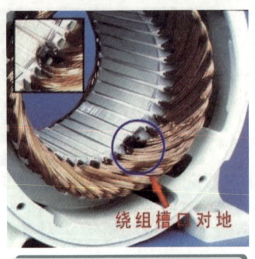

图 1-4-18 电机定子绕组绝缘故障

图 1-4-19 万用表测量绕组电阻

20 kW 以上功率的感应电机，其定子绕组电阻很小，应该用电桥对其进行测量，如图 1-4-20 所示。

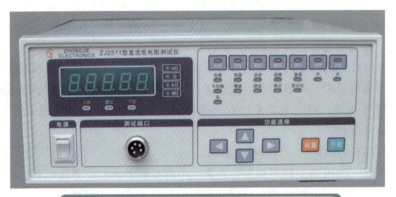

图 1-4-20 电桥测量仪

单元小结

1. 感应电机的转子上没有线圈绕组，也没有永磁体，结构简单坚固，耐高温能力强，不需要维护。

2. 定子绕组由在空间相差 120° 电角度，对称排列的结构完全相等的三相绕组组成。为了产生多对磁极的旋转磁场，每相绕组可以由多个线圈串联组成。

3. 旋转磁场的方向是由三相绕组中电流相序决定的，若想改变旋转磁场的方向，只要改变通入定子绕组的电流相序，即将三根电源线中的任意两根对调即可。

学习情境 2
减速驱动桥拆装与检测

【学习目标】

1. 能通过与客户交流、查阅相关维修技术资料等方式获取车辆信息。
2. 能正确识读比亚迪 e5 450 维修手册。
3. 能识别减速驱动桥主要零部件并介绍各个部件的特点。
4. 能对减速驱动桥进行更换。
5. 能对减速驱动桥润滑油进行更换。
6. 能对减速驱动桥进行拆装与检测。
7. 能根据环保要求,正确处理对环境和人体有害的辅料、废气液体和损坏零部件。

学习情境 2　减速驱动桥拆装与检测

减速驱动桥认知

任务导入

小王在新能源汽车某 4S 店工作，今天接了一辆比亚迪 e5 纯电动汽车，该车行驶中伴随不同车速，从底盘前部传来异响声，师傅告诉小王需要检查减速驱动桥，你知道什么是纯电动汽车的减速驱动桥吗？

学习目标

1. 能通过与客户交流、查阅相关维修技术资料等方式获取车辆信息。
2. 能根据故障现象选择合适的维修手册。
3. 能正确认知减速驱动桥。
4. 能对减速驱动桥润滑油进行更换。

理论知识

一、电动汽车减速器概述

以特斯拉和日产聆风为例的一些主流纯电动汽车并没有搭载一台传统变速器，而是单纯搭载一组减速器，并不提供换挡功能。

对于纯电动汽车，电机从 0 转速开始就能全扭矩输出，没有怠速问题困扰，初始扭矩比内燃机大。纯电动汽车不存在起步问题，就不需要搭配"大齿比减速器"。对于内燃机车而言，"高挡位小齿比"通常是车辆高速运行时使用，可降低发动机转速，一方面可以使发动机偏向经济转速运行，可以节油；另一方面可以降低噪声。对于电动车来说，不同转速下电能转化为机械能效率区别并不大，电机噪声也远小于内燃机，不必刻意压低电动机转速。

这两方面原因使电机既不需要大齿比变速，也不需要小齿比变速，电动车只需要配一个齿比中等的减速器就可以了。特斯拉只单独配了一个齿比为9.73的减速器,日产聆风的减速器齿比为8.19。从实际结果来看,这个中等大小齿比的减速器可以满足电动车起步和加速的动力需求,电动机本身高转速运行也可以使整车跑出高速度。电机外特性曲线如图2-1-1所示。

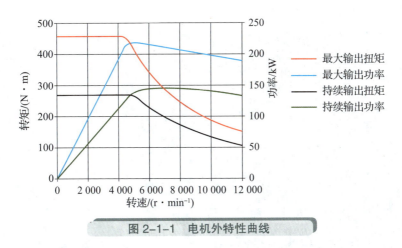

图 2-1-1 电机外特性曲线

二、北汽 EF126B02 减速器介绍

北汽EV160车型中,型号为C33DB的驱动电机搭载的减速器总成型号为EF126B02,由中国长安汽车集团股份有限公司重庆青山变速器分公司生产,主要功能是将整车驱动电机的转速降低、扭矩升高,以实现整车对驱动电机的扭矩、转速要求。

EF126B02减速器总成是一款前置前驱减速器,采用左右分箱、两级传动结构设计。具有体积小、结构紧凑的特点;采用前进挡和倒挡共用结构进行设计,整车倒挡通过电机反转实现。其技术参数如表2-1-1所示。

表 2-1-1 EF126B02 减速器技术参数

技术指标	技术参数	备注
最高输入转速	9 000 r/min	
转矩容量	<260 N·m	
驱动方式	横置前轮驱动	
减速比	7.793	
重量	23 kg	不含润滑油
润滑油规格	GL·475W-90 合成油	推荐嘉实多 BOT130
设计寿命	10 年/30 万公里	

三、北汽EF126B02减速器结构

电机动力通过电机输入轴花键传入减速器总成,如图2-1-2所示。

电机输出动力经减速器减速后通过左右两个三枢轴万向节传给左右半轴,如图2-1-3所示。

图2-1-2 动力输入花键套

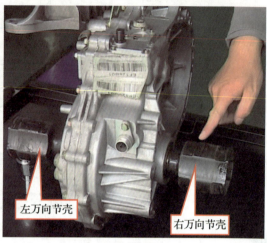

图2-1-3 减速器万向节壳

减速器工作时会产生一定热量,需要通气孔调节减速器内气压,以免压力过高导致油封漏油,如图2-1-4示。

减速器齿轮油加油口、溢流口、油位检查口如图2-1-5所示。重新添加齿轮油时,从加油口加油,直至齿轮油从溢流口流出,则表明油位已到上限,按规定力矩旋紧加油口和溢流口即可。

图2-1-4 减速器通气塞

图2-1-5 加油口、溢流口、油位检查口

减速器内共有两级减速齿轮,如图2-1-6所示。

EV160减速器里程表如图2-1-7所示,为蜗轮蜗杆结构。

图 2-1-6　两级减速齿轮

图 2-1-7　EV160 减速器里程表

减速器油底壳内的磁铁，如图 2-1-8 所示。

图 2-1-8　减速器油底壳内的磁铁

四、北汽 EF126B02 减速器与驱动电机的装配连接

减速器与驱动电机连接方式：减速器端匹配 5 个 9 mm 通孔，3 个带钢丝螺套的 M8×1.25 螺纹孔。使用 8 个 M8×1.25×35 的 10.9 级六角法兰面螺栓连接，拧紧力矩为 40 N·m。

减速器与驱动电机定位方式为一面、内止口和一定位销，如图 2-1-9 所示。

2. 减速器与悬置支架的装配连接

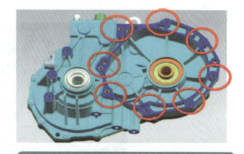

图 2-1-9　减速器与驱动电机连接螺栓位置

加速器采用 3 个左悬置点，3 个后悬置点，如图 2-1-10 所示。悬置点螺纹孔规格为 M10×1.25 和 M12×1.25。左悬置使用 3 个 M10×1.25×40 的 10.9 级六角法兰面螺栓，拧紧力矩为 75 N·m；后悬置使用 2 个 M10×1.25×25 的 10.9 级六角法兰面螺栓，拧紧力矩为 75 N·m，1 个 M12×1.25×65 的 10.9 级六角法兰面螺栓，拧紧力矩为 95 N·m。

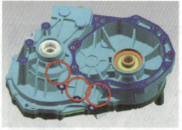

图 2-1-10　减速器与悬置支架的装配位置

3. 减速器与半轴的装配连接

整车装配半轴时，需保证半轴中心平行于减速器差速器中心，防止半轴碰伤或损坏差速器油封，同时半轴上的卡圈应与减速器差速器半轴齿轮上的卡圈槽连接定位。如图 2-1-11 所示。

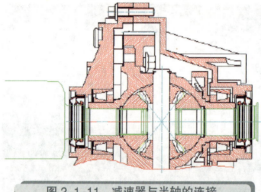

图 2-1-11　减速器与半轴的连接

五、比亚迪 e5 纯电动汽车减速器介绍

BYD5AEB 车型前驱动力总成主要配备比亚迪 5AEB 的纯电动汽车，采用单挡无级变速，如图 2-1-12 所示，减速器总减速比 9.266，主要技术参数如表 2-1-2 所示。

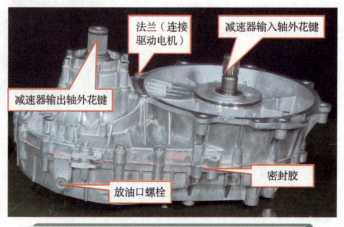

图 2-1-12　比亚迪 e5 纯电动汽车减速器

表 2-1-2　比亚迪 e5 纯电动汽车减速器技术参数

输入最大功率	160 kW
输入转速	0~12 000 r/min
最大输入扭矩	310 N·m
输入输出轴连线与水平面夹角	8.073°
总减速比	9.266
一级传动比	3.217
主减速传动比	2.880
电机轴中心与差速器中心的距离	239 mm
变速箱润滑油量	1.85~1.95 L
变速箱润滑油类型	齿轮油 SAE75W-90

六、比亚迪 e5 纯电动汽车减速器内部结构

比亚迪 e5 纯电动汽车单挡无级减速器，依靠两级齿轮副来实现减速增扭。其按功用和位置分为五大组件：右箱体、左箱体、输入轴组件、中间轴组件、输出轴（差速器）组件。动力由电动机输入，经过一级减速齿轮减速将动力传至主减速器，再由差速器将动力分配至两侧车轮，内部结构如图 2-1-13 所示。

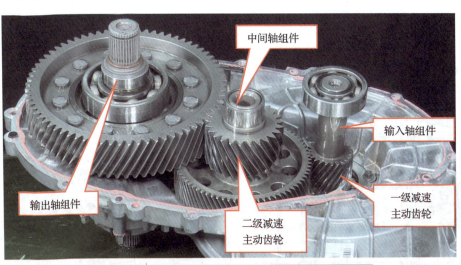

图 2-1-13　比亚迪 e5 纯电动汽车减速器内部结构

七、比亚迪 e5 纯电动汽车减速器装配连接

如图 2-1-14 所示，比亚迪 e5 减速器外花键与驱动电机内花键配合，驱动电机将动力传递至减速器，动力经过减速器中的一级减速后进入主减速器和差速器，动力再由差速器两个半轴齿轮传递到减速器两侧的三枢轴式伸缩万向节，动力经万向节、半轴传递到两个车轮侧的万向节，最终到达车轮，如图 2-1-15 所示。

图 2-1-14 电机内花键

图 2-1-15 比亚迪 e5 纯电动汽车减速器装配连接

减速器与驱动电机通过法兰固定，有 8 个六角法兰面螺栓，紧固力矩 100 N·m，如图 2-1-16 所示。分解驱动电机与减速器时，请注意保管好电机定位销，如图 2-1-17 所示。

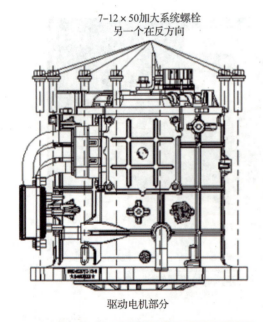

图 2-1-16 减速器与驱动电机固定的 8 个螺栓

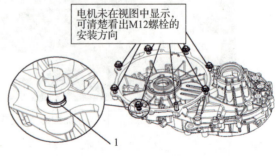

图 2-1-17 减速器法兰上的驱动电机安装定位销

1—电机定位销

拓展阅读

八、电驱动三合一驱动桥总成

国内外很多企业开发了三合一驱动桥总成,即驱动电机、减速器、电机控制器三合一,部分企业的三合一驱动桥总成如图2-1-18所示。

GKN吉凯恩三合一电驱动系统(电机电控器+驱动电机+减速器)

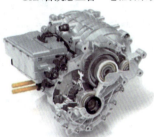

传动比:12.5:1
转矩:2 000 N·m
功率:70 kW
最高速度:125 km/h
重量:20.2 kg
体系:457 mm×229 mm×259 mm

BOSCH e-axle系列

扭矩范围:1 000~6 000 N·m
功率范围:50~300 kW
输出功率:150 kW
重量:约90 kg
可用于总质量7.5 t以内的车型
体积将降低超过20%

采埃孚(ZF)三合一前置前驱电驱动系统

转速:可达21 000 r/min
扭矩:1 700 N·m
峰值功率:90 kW
重量:约45 kg

图 2-1-18 三合一驱动桥

> 实践技能

九、减速器润滑油更换

首先举升车辆,将机油回收车推入动力总成下方,然后用24 mm套筒拆下放油螺栓,如图2-1-19所示。

图2-1-19 推入机油回收车并拆下放油螺栓

(a)推入机油回收车;(b)拆下放油螺栓

排尽减速器油,安装放油螺栓,并按规定力矩紧固,如图2-1-20所示。

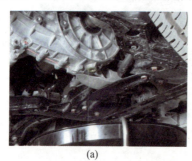 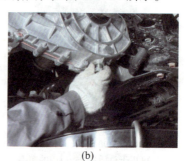

图2-1-20 排尽减速器油并安装放油螺栓

(a)排尽减速器油;(b)安装放油螺栓

加注减速器油,可以使用简易加注工具进行加注,也可以使用专用油液加注机进行加注,如图2-1-21所示。

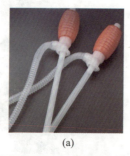 

图2-1-21 减速器油加注工具

(a)简易加注工具;(b)专用油液加注机

油液加注机成本高，使用方便，按照使用说明书，连接好管路，设置好加油量，即可一键加注。简易加注工具器材成本低，携带方便，下面以使用简易加注工具为例，加注减速器油。使用 24 mm 套筒拆下减速器加油螺栓，然后将简易加注工具的吸油侧插入机油桶中，出油侧插入减速器加注孔中，如图 2-1-22 所示。

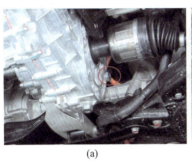

(a)   (b)

图 2-1-22　拆下加油螺栓并连接简易加注工具

（a）拆下加油螺栓；（b）连接简易加注工具

到注油口处向外溢油时停止加油，比亚迪 e5 电动汽车减速器需要加入 1.85~1.95 L 齿轮油。加注完成后取下简易加注工具，安装变速箱加油螺栓，并按规定力矩紧固，如图 2-1-23 所示。清洁变速箱放油口和加油口，降下车辆，作业完成。

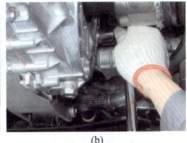

(a)   (b)

图 2-1-23　到注油口处向外溢油时停止加油并安装加油螺栓

（a）注油口处向外溢油；（b）安装加油螺栓

单元小结

1. 比亚迪 e5 纯电动汽车单挡减速器包括右箱体、左箱体、输入轴组件、中间轴组件、输出轴（差速器）组件等。

2. 动力由电动机输入，经过一级减速齿轮减速将动力传至主减速器，再由差速器将动力分配至两侧车轮。

减速驱动桥拆装与检测

任务导入

小王在新能源汽车某 4S 店工作,今天接了一辆比亚迪 e5 纯电动汽车,该车行驶中伴随不同车速,从底盘前部传来异响声,经检查师傅告诉小王需要将减速器总成拆解后检查,你知道如何安全、规范地拆装减速器总成吗?

学习目标

1. 能通过与客户交流、查阅相关维修技术资料等方式获取车辆信息。
2. 能根据故障现象选择合适的维修手册。
3. 能正确将减速器进行拆装。
4. 能根据维修手册对减速器进行检测。
5. 能正确计算出调整垫片厚度并选择合适的调整垫片进行安装。

理论知识

一、减速器故障处理

1. 减速器动力传递故障

当整车无动力输出时,检查减速器是否损坏按下列操作执行:

(1)检查整车驱动电机是否运转正常,若运转正常,则执行第二步检查;若提示驱动电机故障,则先检查驱动电机故障原因。

(2)整车上电,将手柄挂入 N 挡,松开脚制动,平地推车,检查车辆是否可以移动。或将整车放置到升降台上,转动车轮,检查是否能转动。若车辆可以移动或车轮可以转动,则执行第三步检查;若车辆不能移动或车轮不能转动,则执行第四步检查。

(3)拆卸驱动电机与减速器连接,检查花键是否异常磨损,若减速器输入轴花键磨损,则需将减速器返厂维修。

(4)若车辆不能移动或车轮不能转动,则说明减速器内部轴系卡死,减速器需返厂维修。

2. 减速器产生噪声

减速器产生异常噪声,主要原因如下:润滑油不足、轴承损坏或磨损、调整垫片损坏或磨损、齿轮损坏或磨损、箱体磨损或破裂。

这些问题的处理措施按表 2-2-1 执行。

表 2-2-1 减速器产生噪声的处理措施

故障分类	处理措施
润滑油不足	按规定型号和油量添加润滑油
轴承损坏或磨损	参考维修手册对减速器进行维修
齿轮损坏或磨损	参考维修手册对减速器进行维修

3. 减速器渗漏油

减速器产生渗漏油,主要原因如下:输入轴油封磨损或损坏、差速器油封磨损或损坏、油塞处漏油、箱体破裂、油量过多由通气塞冒出。这些问题的处理措施按表 2-2-2 执行。

表 2-2-2 减速器渗漏油处理措施

故障分类	处理措施
输入轴油封磨损或损坏	参考维修手册操作规范更换油封
差速器油封磨损或损坏	参考维修手册操作规范更换油封
油塞处漏油	对油塞涂胶,按规定力矩拧紧
箱体破裂	参考维修手册对减速器进行维修
油量过多由通气塞冒出	检查油位调整油量

二、比亚迪 e5 减速器结构

比亚迪 e5 单挡减速器结构图如图 2-2-1 所示。

学习情境 2　减速驱动桥拆装与检测

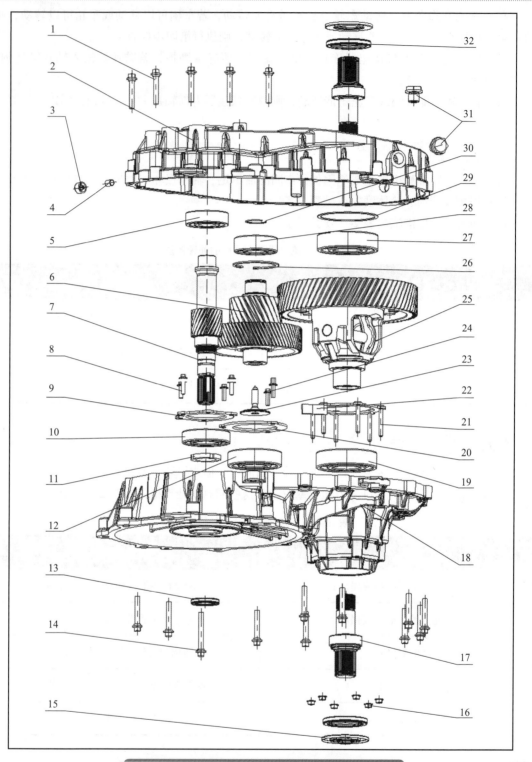

图 2-2-1　比亚迪 e5 单挡减速器结构图

结构图中序号对应的名称及数量，如表 2-2-3 所示，力矩限值如表 2-2-4 所示。

表 2-2-3 减速器部件名称及数量

编号	名称	数量	编号	名称	数量
1	Q1840845T1F6_六角法兰面螺栓	17（有一个被序号25挡住）	17	6DT35差速器半轴组件	2
2	NT31-2-2146512_后箱体	1	18	NT31-1-2146511_前箱体	1
3	6T25-1702504_通气管帽	1	19	NT31-1-2146320_差速器轴承	1
4	6T25-1702503_通气管	1	20	NT31-1-2146214_副轴前轴承压板	1
5	NT31-1-2146130_主轴后轴承	1	21	NT31-1-2146330_差速器轴承压板组件	1
6	NT31-1-2146210_副轴组件	1	22	5T09-1701435_磁铁	1
7	NT31-1-2146111_主轴	1	23	NT31-1-2146216_副轴压紧螺钉	1
8	Q1840620TF2_六角法兰面螺栓（主轴位）	5（有一个被序号15挡住）	24	Q1840620TF2_六角法兰面螺栓（副轴位）	3
9	NT31-1-2146151_主轴前球轴承压板	1	25	NT31-1-2146700_差速器壳体组件	1
10	NT31-1-2146140_主轴前球轴承	3	26	NT31-1-2146217_副轴后轴承卡簧	1
11	NT31-1-2146611_主轴螺母	1	27	NT31-1-2146320_差速器轴承	1
12	NT31-1-2146230_副轴前轴承	1	28	NT31-1-2146240_副轴后轴承	1
13	NT31-1-2146112_主轴油封	1	29	35J18L-2405133_三轴轴调整垫片	1（使用组别0.5~1.2 mm）
14	Q1840860TF2_六角法兰面螺栓	1	30	NT31-1-2146218_副轴后轴承内卡簧	1
15	6DT35-1701754_差速器右半轴防尘盖	2	31	6T25-1701680_放油螺塞组件	2
16	Q32006T2F6C_六角法兰面螺母	6	32	NT31-1-2146312_差速器油封	2

备注：详见维修手册

表 2-2-4 力矩限值

序号	用途	螺栓/螺母规格	物料描述	单用量	紧固力矩/(N·m)
1	前后箱连接	M8×45	Q1840845T1F6_ 六角法兰面螺栓	17/16	25
		M8×60	Q1840860TF2_ 六角法兰面螺栓	1	25
2	差速器半轴和差速器固定环连接	M8×45.5	6DT25-1701822_ 差速器半轴螺栓_M00000	1	30
3	电机和前箱体连接	M12×50	Q1861250TF6P1.25_ 六角法兰面螺栓-加大系列	8	85
4	固定车速传感器	M6×16	Q1840616T1F6_ 六角法兰面螺栓_M00000	1	9
5	固定主轴压板	M6×20	Q2580620TF2_ 内六角花形沉头螺钉	3	12
6	差速器压板组件与前箱体（或A型前箱体）锁紧	M6×6	Q32006T2F6C_ 六角法兰面螺母 或 Q32006T13F6	6	12
7	固定副轴压板	M6×20	Q1840620TF2_ 六角法兰面螺栓	3	12
8	副轴组件压装副轴前轴承后的锁紧	M10×24	NT31-1-2146216- 副轴压紧螺钉	1	70
9	注、放油螺塞	M15×12	6T25-1701680_ 放油螺塞组件_M00000	2	30
10	主轴前球轴承内圈的锁紧	M35×7	NT31-1-2146611_ 主轴螺母_M00000	1	70

三、比亚迪 e5 减速器的拆分与维修

1. 箱体内冷却油的排放

分别打开放、注油塞，如图 2-2-2 所示，将箱体内的润滑油排放干净，同时请检查放油螺塞组件和 O 形圈是否完好，如果已损坏，请更换完好的零件。

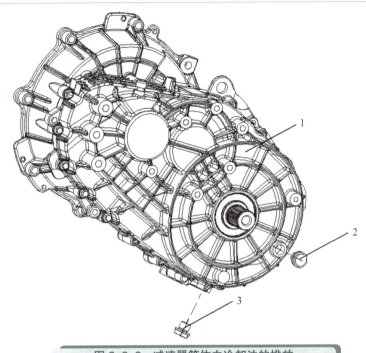

图 2-2-2 减速器箱体内冷却油的排放

1—后箱体；2—注油螺塞；3—放油螺塞

2. 箱体拆分前的摆放

将 BYD5AEB 前驱变速器放置稳固，推荐摆放至格栅状的木架上或者专用的减速器拆装台上，以保证在接下来拆箱过程中主轴、差速器半轴或者箱体的高点不至于和地面等有接触磨损，如图 2-2-3 所示。

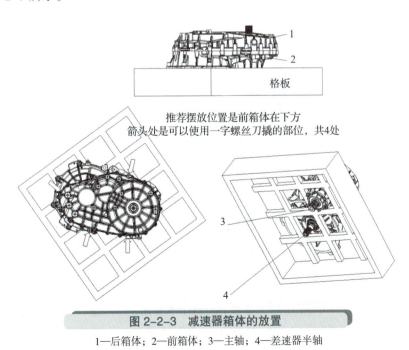

图 2-2-3 减速器箱体的放置

1—后箱体；2—前箱体；3—主轴；4—差速器半轴

学习情境 2　减速驱动桥拆装与检测

3. 差速器半轴的分离

差速器半轴组件拆卸只需拧松差速器半轴螺栓即可，在差速器半轴端面处可以看到半轴螺栓。用一支 6 号 L 形六角扳手、一支套管（当作力臂）即可完成差速器半轴组件的拆卸。半轴的伸出端花键需要使用防转工装固定，没有可用管钳代替，如图 2-2-4 所示。

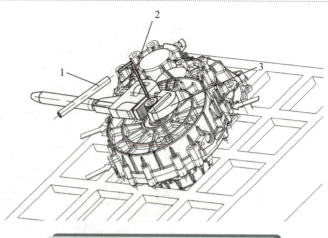

图 2-2-4　差速器半轴的分离
1—套管；2—6 号 L 形六角扳手；3—管钳

4. 前后箱体的分离

交错拧开用于连接固定变速器前后箱体的 M8×45 螺栓 /16 或 17 颗和 M8×60 螺栓 /1 颗，将前后箱体分离，如图 2-2-5 所示。拆分箱体时，三轴轴调整垫片、磁铁、合箱定位销，注意保管，副轴后轴承是圆柱滚子轴承，其内圈附于副轴组件上，外圈和滚子被副轴后轴承卡簧限位在后箱体上。观察合箱螺栓螺纹部分是否有损坏，如果有损坏，请更换完好的螺栓。

注意：在拆分过程中，请保护好前箱体与后箱体接触面，防止此面损伤，如期间用了一字螺丝刀，也依然按照垫块布的方法加以保护。

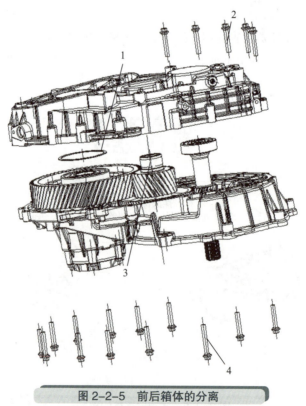

图 2-2-5　前后箱体的分离
1—三轴轴调整垫片；2—M8×45 螺栓；3—副轴后轴承内圈；4—M8×60 高强螺栓

5. 前、后箱体部分的拆分与维修

（1）后箱体。

将后箱体放置于工作台上，并安放平稳。如果副轴后轴承或副轴组件中任意一个有损坏情况，比如轴承烧蚀、齿轮崩析，建议连带箱体返厂维修；包括合箱面拆开后发现主轴或差速器有损坏情况。如必须拆换副轴后轴承"外圈和保持架"组件，副轴组件也要一起换。副轴后轴承内圈在副轴组件上，只是换轴承"外圈和保持架合件"，会造成轴承不配套。

后箱附件继续拆卸方法如下：用专用工具（卡簧钳）将副轴后轴承卡簧压缩、取出，如图2-2-6所示。

注意：副轴后轴承卡簧拆卸后，建议更换新的。

拆卸"外圈和保持架合件"，即使用专用工具（拉码器），滑块上移，撞向螺杆手柄，反复几次，均匀用力，将副轴轴承从箱体中取出，如图2-2-7所示。拆卸完成后，不建议再使用此轴承。

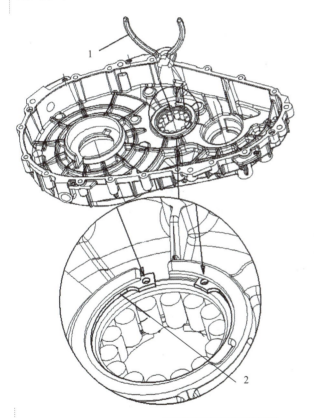

图 2-2-6　后箱附件继续拆卸

1—卡簧钳；2—副轴后轴承卡簧

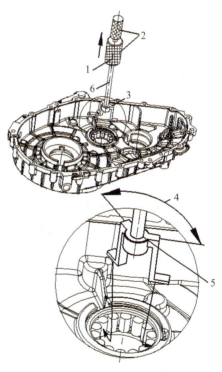

图 2-2-7　拆卸副轴轴承

1—滑块；2—滑块和螺杆手柄的柱面；3—螺母卡爪组合件；4—130°（两卡爪夹角）；5—通过螺纹连接；6—螺杆

（2）前箱体

①差速器组件拆卸。

前箱体需要先拆卸差速器组件，腔外的6/5个六角法兰面螺母拧开，可取出组件，除螺母外，还有此处应用盲孔螺母的情况，如图2-2-8所示。

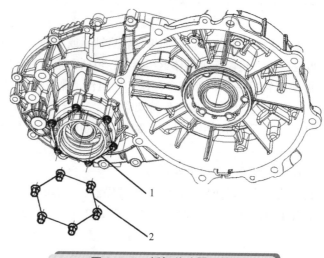

图 2-2-8　拆卸差速器组件

1—六角法兰面螺母；2—盲孔螺母

②副轴组件和主轴组件拆卸。

对副轴组件的三个Q1840620TF2_六角法兰面螺栓进行拆卸，旋转副轴齿轮，使套筒通过其上减重孔，拧开螺栓，如图2-2-9所示，主轴位压板紧固件布局有两种状态，拆下主轴组件螺栓。

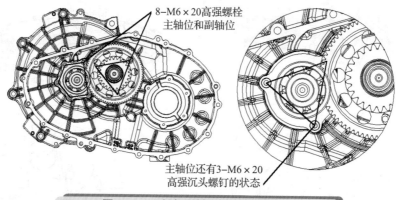

图 2-2-9　拆卸副轴组件和主轴组件

将主轴组件、副轴组件和之前拆卸的差速器组件都安置好。检查是否有零件出现异常，三个轴组件都不建议再拆卸，最好是返厂处理或要求售后服务部门寄过来新组件（深沟球轴承使用工装拆卸下来就不能再使用了，其钢球滚道很容易损坏）。

6. 比亚迪e5减速器的清洗与组装

（1）箱体的清洗与油封、轴承外圈的安装。

将变速器前、后箱体表面的粉尘、铁屑等杂质清洗干净；注意合箱面胶渍的清理。

将定位销、主轴油封、磁铁、六角法兰面螺母等零件表面的粉尘、铁屑清洗干净，并将前三种物料装入变速器前箱体，其中定位销是空心的，轻轻敲入箱体中即可。

将差速器油封表面的粉尘、铁屑等杂质清洗干净，使用油封工装，将差速器油封装入变速器后箱体。副轴后轴承外圈和保持架合件用另外的工装压在轴承孔上，如图2-2-10所示。

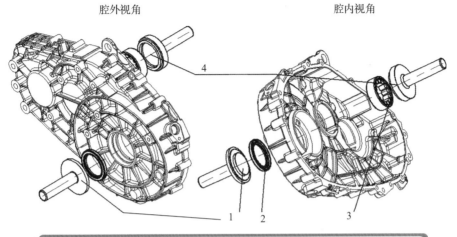

图2-2-10　使用工装安装差速器油封、副轴后轴承外圈和保持架合件
1—差速器油封工装；2—差速器油封；3—副轴后轴承外圈合件；4—副轴后轴承外圈安装工装

将主轴油封和另一个差速器油封用工装装在前箱体的相应位置上，如图2-2-11所示。

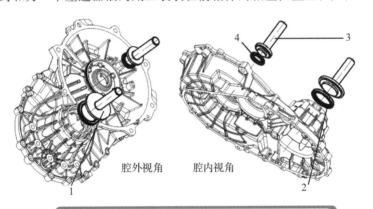

图2-2-11　使用工装安装主轴油封、差速器油封
1—差速器油封工装；2—差速器油封；3—主轴油封工装；4—主轴油封

（2）主轴组件的清洗与组装。

观察主轴组件中主轴螺母是否出现松脱，若有，建议返厂；若没有，用煤油油液清洗干净，尤其是两个深沟球轴承滚道要彻底清理干净。随后，穿入前箱体主轴孔位，摆正主轴压板，带上3或5个紧固件。

螺栓中部偏下位置涂上乐泰263螺纹锁固剂（或经验证的等效品），要求胶液覆盖3~5扣螺纹，螺钉先用手拧进2~3扣，紧固力矩（12±0.36）N·m，另外，涂前刮掉原来胶渍。

（3）副轴组件的清洗与组装。

将副轴组件的粉尘、铁屑等杂质清洗干净，也是要注意副轴上的深沟球轴承的清理。随后，在后箱体上摆正组件和压板，带上3个紧固件。

螺栓涂螺纹锁固剂方式和主轴组件相同。

（4）差速器组件的清洗与组装。

转动行星齿轮或半轴齿轮，一是看看是否有卡滞；二是便于深度清洁。注意保管好差速器半轴固定环：在半轴齿轮的小端靠行星齿轮轴的位置，如图 2-2-12 所示，对准差速器压板螺栓过孔将差速器组件安装到位。半轴固定环小凸点要在半轴齿轮的键槽里。

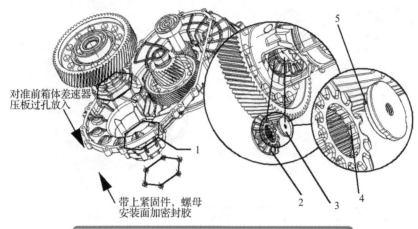

图 2-2-12 差速器组件的清洗与组装

1—过孔；2—差速器半轴齿轮；3—差速器半轴固定环；4—差速器半轴齿轮的端部键槽；
5—差速器半轴固定环的小凸点

（5）三轴轴调整垫片选择。

测量前箱体上放置的差速器组件高度 H，再测后箱体轴承孔底深度 D，选择三轴轴调整垫片使得其厚度 f 满足：$0.05 \sim 0.12 = D - H - f$，垫片的可选组别如表 2-2-5 所示。

表 2-2-5 垫片的可选组别　　　　　　　　　　　单位：mm

序号	厚度 f	序号	厚度 f
1	0.50	9	0.90
2	0.55	10	0.95
3	0.60	11	1.00
4	0.65	12	1.05
5	0.70	13	1.10
6	0.75	14	1.15
7	0.80	15	1.20
8	0.85		

高度、深度示意图如图 2-2-13 所示。

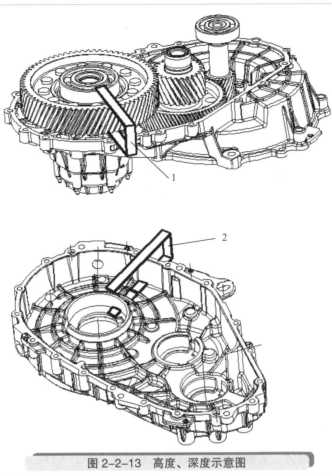

图 2-2-13 高度、深度示意图

1—H（从合箱面到差速器轴承外圈端面）；2—D（从合箱面到差速器轴承座孔底部）

（6）变速器前后箱体合箱。

将变速器前箱体表面的粉尘、铁屑等杂质清洗干净；注意将合箱面的胶渍处理干净。可使用适量的有机溶剂。结合美工刀的背面对合箱面进行刮蹭处理，如发现有高点，注意刮平。合箱前检查有无漏装物料，尤其是磁铁、合箱定位销、三轴轴调整垫片，如图2-2-14所示。

（7）变速器前箱体其他零件的组装准备。

将左右半轴组件装入箱体差速器端口，带上半轴螺栓，紧固力矩 30 N·m。

（8）将变速器静置，使密封胶完全凝固。

打胶前，确认前后箱合箱面有没有残余胶渍，请注意清除干净，并保证合

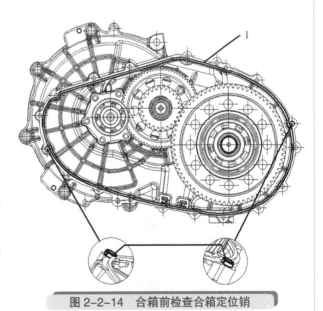

图 2-2-14 合箱前检查合箱定位销

1—平面密封剂路径

箱面的平整。合箱密封胶需沿合箱螺栓孔的内侧行径。推荐使用乐泰 5460J 平面密封剂（或经验证的等效品），要求密封胶均匀连续，胶线直径：(3±1) mm。如图 2-2-14 所示。合箱前，检查合箱定位销有没有装好。

（9）拧紧放油螺塞组件。

待密封胶完全凝固之后，两个放油螺塞组件拧在后箱的注放油位置。扭紧至 O 形圈压缩一半为宜，再多容易造成 O 形圈老化，少了可能起不到密封效果。

（10）加入齿轮润滑油对变速器箱体进行密封性检查。

将变速器箱体静置，从注油处加入 1.8~1.9 L 润滑油（属于二次加油，若确保内部无残余油量，就加 1.85~1.95 L）。观察是否有渗漏现象，如果有渗漏，将相应部位拆开，重新进行密封处理。

（11）变速器整体检查。

待箱体确认无漏油后，再次检查变速器主轴转动是否灵活，有无异响。

四、比亚迪 e5 动力总成维修说明

1. 电动总成

（1）单挡变速箱采用浸油润滑方式，润滑油采用齿轮油 SAE75W-90。

（2）动力系统总成在分解修理后，再重新装到车上，变速箱需要加入 1.8~1.9 L 润滑油。（或观察油位至注油口位置处即停止加油。）

（3）如电动机发生故障，需拆解修理，在组装后需加入美孚 ATF220 油 2 L。

（4）电动机和变速箱组装时，必须确保变速器前箱体导向端口和电机端口对正。注意保护变速器前箱体 O 形圈和变速器主轴密封圈。结合面法兰上有一颗电机定位销。

2. 螺栓、螺母

电机端盖和总成合箱壳体上的螺栓或螺母，按对角线松开和拧紧，如果螺栓有裂纹或者损坏，请及时更换。

3. 轴承

（1）安装时要用变速器润滑油润滑所有的轴承。也可以在内外圈与轴、箱体座孔结合的柱面上涂抹润滑脂（黄甘油也可以）。

（2）安装过程中，采用规定的工装进行工作。

（3）同样尺寸的轴承外圈与内圈不可以更换（但变速器主轴前轴承内外圈无须考虑调整垫片因素，且产品本身具有良好的加工一致性，故条件紧张时，该轴承例外）。

（4）同一轴上的圆锥滚子轴承应同时更换，轴承型号应相同（包括副轴和差速器的轴承，而所用的四个轴承型号相同）。

拓展阅读

五、减速机类型

电动汽车减速器一般和差速器总成在一起,因为通过控制电机的输出转矩曲线非常符合汽车理想的行驶动力要求,即低速大转矩,高速小转矩的要求。如果嫌动力性还不够,可加装两级变速器,特斯拉曾考虑过这个方案。

(1)降速同时提高输出扭矩,扭矩输出比例按电机输出乘减速比,但要注意不能超出减速机额定扭矩。

(2)减速同时降低了负载的惯量,惯量的减少为减速比的平方。

减速机是一种相对精密的机械,使用它的目的是降低转速,增加转矩。它的种类繁多,型号各异,不同种类有不同的用途分类:

(1)按照传动类型可分为齿轮减速器、涡杆减速器和行星齿轮减速器;
(2)按照传动级数不同可分为单级和多级减速器;
(3)按照齿轮形状可分为圆柱齿轮减速器、圆锥齿轮减速器和圆锥-圆柱齿轮减速器;
(4)按照传动的布置形式又可分为展开式、分流式和同轴式减速器。

目前成熟并标准化的减速器有:圆柱齿轮减速器、涡轮减速器、行星减速器、行星齿轮减速器、RV减速器、摆线针轮减速器和谐波减速器。20世纪80—90年代以来,在新兴产业如航空航天、机器人和医疗器械等发展的需求下,需要结构简单紧凑、传递功率大、噪声低、传动平稳的高性能精密减速器,其中RV减速器和谐波减速器是精密减速器中重要的两种减速器。

实践技能

六、减速器拆装与检测

结合厂家维修手册要求以及教学实际,比亚迪e5减速器拆装与检测的主要步骤及操作项目如表2-2-6所示。

表2-2-6 比亚迪e5减速器拆装与检测

操作步骤/顺序	操作项目
分离变速箱体和电机总成	打开放油螺塞组件,将变速箱体内的润滑油排放干净,拧紧放油螺塞组件于箱体上; 检查润滑油是否排放干净; 检查放油塞组件和O形密封圈是否完好; 交错拧开用于固定变速箱箱体与电动机的六角法兰面螺栓,分离变速箱与电动机; 分离时可使用一字螺丝刀且按照垫布(或裹胶布)的方法加以保护

续表

操作步骤/顺序	操作项目
分解变速箱体	将变速箱体用螺栓（至少需要3颗螺栓）固定在专用工作台上，确保主轴、差速器半轴或者箱体的高点不能有接触磨损； 交错拧开用于连接固定变速器前后箱体的螺栓，将后箱体与前箱体分离； 在拆分过程中保护好前箱体与后箱体接触面； 拆分箱体时注意保管前箱体上的磁铁槽中掉出的磁铁
拆卸差速器组件	拆卸差速器组件轴承压板； 取下差速器相关齿轮
拆卸副轴组件	拆卸副轴轴承压板； 取下副轴； 使用卡簧钳取下副轴轴承卡簧； 使用专用工具（拉码器）将副轴轴承从箱体中取出
拆卸主轴组件	拆卸主轴轴承压板； 取下主轴齿轮总成
拆卸油封	使用一字螺丝刀且按照垫布（或裹胶布）的方法加以保护，取出全部3个油封
清洁组件	使用吹气枪对差速器组件表面及差速器壳体内部的粉尘、铁屑等杂质进行清洁； 转动行星齿轮或半轴齿轮，检查是否有卡滞并使用吹气枪深度清洁； 使用吹气枪或吸油纸对球轴承、圆柱滚子轴承、主轴、副轴表面进行清洁； 使用吹气枪或吸油纸对变速箱前箱体表面进行清洁； 使用吹气枪或吸油纸对变速箱后箱体表面进行清洁； 使用工具（铲刀）对前合面进行刮蹭处理、刮平高点； 使用工具（铲刀）对后合面进行刮蹭处理、刮平高点
变速箱组件外观目视检查	检查并记录齿轮轮系转动情况； 检查并记录主轴齿轮磨损情况； 检查并记录副轴主动齿轮磨损情况； 检查并记录副轴从动齿轮磨损情况； 检查并记录差速器齿轮磨损情况； 检查并记录后箱体轴承外圈磨损情况； 检查并记录主轴前轴承内外圈磨损情况； 更换差速器油封； 更换主轴油封
安装油封	使用油封工装将3个全新油封装入变速器后箱体
安装副轴轴承	安装副轴轴承； 安装副轴轴承卡簧
安装主轴组件	摆正主轴组件和压板； 按规定先用手拧进螺栓2~3圈，再紧固压板螺栓
安装副轴组件	摆正副轴组件和压板； 按规定先用手拧进螺栓2~3圈，再紧固压板螺栓
安装差速器组件	摆正差速器组件和压板； 确认半轴固定环小凸点在半轴齿轮的键槽； 按规定先用手拧进螺栓2~3圈，再紧固压板螺栓； 安装期间微调各组件（转动），以便安装过程顺畅

续表

操作步骤/顺序	操作项目
差速器组件高度测量	从后箱体上取下旧的调整垫片； 测量前清洁垫板； 测量前测量垫板平均厚度； 测量前在垫板上对高度尺校零； 加装垫板，使用高度尺测量差速器高度 H 值，垫板放置要平整； 以上每个值应测量3处位置
后箱体轴承孔底深度测量	测量前清洁垫板； 测量前测量垫板平均厚度； 测量前在垫板上对深度尺校零； 加装垫板，使用深度尺测量后箱体轴承孔底深度 D 值，垫板放置要平整； 以上每个值应测量3处位置
三轴轴调整垫片厚度 f 计算	根据差速器组件高度 H 平均值和后箱体轴承孔底深度 D 平均值，计算三轴轴调整垫片厚度 f 值
安装调整垫片	根据计算值，更换调整垫片并装入后箱体
安装前后箱体	在合箱前检查磁铁、合箱定位销安装情况； 在合箱时用橡皮锤轻轻敲打箱体外壁，并注意保护主轴油封； 安装前后箱体总成； 使用专用工具（预置式扭力扳手）紧固前后箱体总成（标准力矩25 N·m）
安装减速箱体和电机总成	按规定先用手拧进螺栓2~3圈，再紧固变速箱体与电动机的六角法兰面螺栓； 使用专用工具（预置式扭力扳手）紧固变速箱与电动机（标准力矩100 N·m）

七、减速器拆装与检测的部分说明

用10 mm套筒拆下减速器前后箱体之间的18个连接螺栓，位置如图2-2-15所示。

用10 mm套筒拆下差速器组件轴承压板的6个固定螺母，位置如图2-2-16所示。

图2-2-15　减速器前后箱体之间的18个连接螺栓

图2-2-16　差速器组件轴承压板的6个固定螺母

用8 mm套筒拆下副轴组件压板的3个固定螺栓以及主轴组件压板的5个固定螺栓，位置如图2-2-17所示。

图 2-2-17 副轴组件压板的 3 个固定螺栓以及主轴组件压板的 5 个固定螺栓

减速器部件，如主轴组件、副轴组件及差速器组件等，如图 2-2-18 所示。

图 2-2-18 减速器部分部件

（a）主轴组件；（b）副轴组件；（c）差速器组件；（d）副轴后轴承及卡簧；（e）后箱体上的轴调整垫片

测量差速器组件高度 H 所用的高度尺如图 2-2-19 所示。

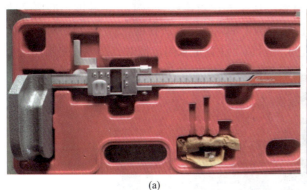 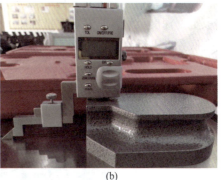

(a) (b)

图 2-2-19 高度尺

（a）高度尺部件；（b）组装后的高度尺

差速器组件高度 H 的测量方法如图 2-2-20 所示，测量前，先清洁垫板并测量垫板厚度，然后将高度尺底座以及测量块平放在垫板上对高度尺进行校零，再将垫板平放在箱体结合面上，将高度尺底座平放在垫板上，对差速器组件高度进行测量，测量三个位置并记录测量值（注意记录测量值时，要减去垫板厚度）。

图 2-2-20 差速器组件高度 H 的测量

测量后箱体轴承孔底深度 D 所用的深度尺如图 2-2-21 所示。

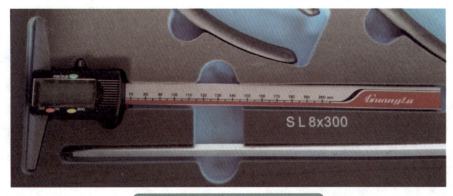

图 2-2-21 深度尺

后箱体轴承孔底深度 D 的测量方法如图 2-2-22 所示,测量前,先清洁垫板并测量垫板厚度,然后在垫板上对深度尺进行校零,再将垫板平放在箱体结合面上,将深度尺底座平放在垫板上,深度尺测量头一定要抵在轴承孔的外侧(轴调整垫片所在的位置),然后对后箱体轴承孔底深度进行测量,测量三个位置并记录测量值(注意记录测量值时,要减去垫板厚度)。

图 2-2-22　差速器组件深度 D 的测量

测量差速器组件高度 H 和后箱体轴承孔底深度 D 时,可填写表 2-2-7 并计算三轴轴调整垫片厚度。

表 2-2-7　三轴轴调整垫片厚度测量与计算

测量对象	测量数据1	测量数据2	测量数据3	平均值
差速器组件高度 H				
后箱体轴承孔底深度 D				
三轴轴调整垫片厚度 $f=D-H-(0.05\sim0.12)$				

单元小结

1. 减速器产生异常噪声,主要原因如下:润滑油不足、轴承损坏或磨损、调整垫片损坏或磨损、齿轮损坏或磨损、箱体磨损或破裂。

2. 测量前箱体上放置的差速器组件高度 H,再测后箱体轴承孔底深度 D,选择三轴轴调整垫片使得其厚度 f 满足:$0.05\sim0.12=D-H-f$。

学习情境 3
高压电控总成认知与更换

【学习目标】

1. 能通过与客户交流、查阅相关维修技术资料等方式获取车辆信息。
2. 能正确识读比亚迪 e5 450 电路图与维修手册。
3. 能识别高压电控总成外部各个高低压线束接口。
4. 能对高压电控总成进行更换。
5. 能识别驱动电机的冷却系统各部件及连接关系。
6. 能对电动水泵进行更换。
7. 能对冷却液进行更换。
8. 能识别高压电控总成内的电机控制器模块并绘制系统原理图。
9. 能根据环保要求，正确处理对环境和人体有害的辅料、废气液体和损坏零部件。

学习情境 3　高压电控总成认知与更换

高压电控总成认知

任务导入 →

小王在新能源汽车某 4S 店工作，今天接了一辆比亚迪 e5 纯电动汽车，该车高压无法上电，师傅告诉小王需要拆下高压电控总成进行检测，你知道如何拆下高压电控总成吗？

学习目标 →

1. 能通过与客户交流、查阅相关维修技术资料等方式获取车辆信息。
2. 能正确识读比亚迪 e5 450 电路图与维修手册。
3. 能正确认知高压电控总成。
4. 能规范地进行高压电控总成更换。

理论知识 →

一、比亚迪 e5 高压电控总成介绍

2018 款比亚迪 e5 纯电动汽车（5AEB）高压电控总成集成了电机控制器模块、车载充电器模块、DC-DC 变换器模块、高压配电模块以及漏电传感器等，又称"简版四合一"。高压电控总成在前机舱内，如图 3-1-1 所示。

图 3-1-1　高压电控总成

比亚迪 e5 或 e6 车型拥有 VTOG、VTOV、VTOL 功能，即车对电网放电、车对车放电（救援时的车对车充电）、车对负载（外接的用电设备）放电，但是 2018 款比亚迪 e5 的高压电控总成取消了 VTOG 功能，保留了 VTOV、VTOL 功能。另外，部分 2018 款 e5 车型也取消了 380 V 交流充电功能，使用了 220 V、7 kW 的车载充电机对车辆动力电池进行充电。因此，2018 款 e5 高压电控总成的主要作用有：

1. 驱动控制（驱动放电及回馈充电）

高压电控总成首先替代整车控制器的功能，采集加速踏板传感器、制动踏板传感器、挡位等信息，解析驾驶员驾驶意图，结合动力电池管理系统 BMS 的信息以及驱动电机的旋变等信号，高压电控总成内的电机控制器模块实现 DC/AC 的转换，控制电机正向、反向驱动以及正、反转发电功能；具有高压输出电压和电流控制限制功能，具有电压跌落、过流、过温、IPM 过温、IGBT 过温保护，功率限制，扭矩控制限制等功能。同时具备电控系统防盗、能量回馈控制、主动泄放、被动泄放控制功能。

IPM（Intelligent Power Module）是指智能功率模块，把功率开关器件（IGBT）和驱动电路集成在一起，而且内有过电压、过电流和过温等故障检测电路，并可将检测信号送到 CPU。

2. 充放电控制

高压电控总成通过 220 V、7 kW 的交流充电机实现对动力电池的慢充充电；通过直流快充接触器和升压模块等部件的控制，实现直流快充充电。慢充充电具有实现预约充电功能。另外，具有 VTOV、VTOL 放电功能。

3. DC/DC 转换

高压电控总成内的 DC/DC 变换器模块,将动力电池的高压直流电转换为 12 V 直流电为整车低压用电系统供电及给低压蓄电池充电。

4. 高压配电控制

高压电控总成内的高压配电模块完成动力电池电源的输出及分配,实现对支路用电器的保护及切断。

5. 漏电检测及主动泄放、被动泄放控制

漏电传感器可检测动力电池正极与车身之间是否存在漏电现象。另外,当车辆下电时,主动泄放模块在 5 s 内将高压电容的电压降到 60 V 以下,释放危险电能;当主动泄放失效时,高压电容内残余的高压电通过放电电阻消耗,被动泄放模块在 2 min 内把高压电容电压降到 60 V 以下,作为主动泄放失效的二重保护。

二、比亚迪 e5 高压电控总成外部接口介绍

2018 款 e5 高压电控总成外部接口示意图如图 3-1-2 所示。

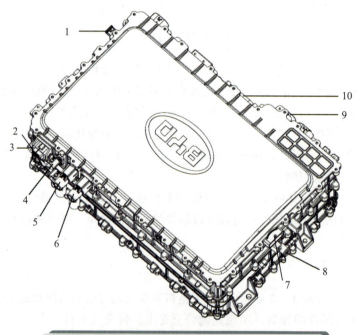

图 3-1-2 高压电控总成外部接口示意图

1—DC 直流输出接插件;2—33pin 低压信号接插件;3—高压输出空调压缩机接插件;
4—高压输出 PTC 接插件(暖风用);5—动力电池正极母线;6—动力电池负极母线;7—64pin 低压信号接插件;
8—入水管;9—交流输入 L1、N 相;10—驱动电机三相输出接插件

2018 款 e5 高压电控总成外部接口实物如图 3-1-3 所示。

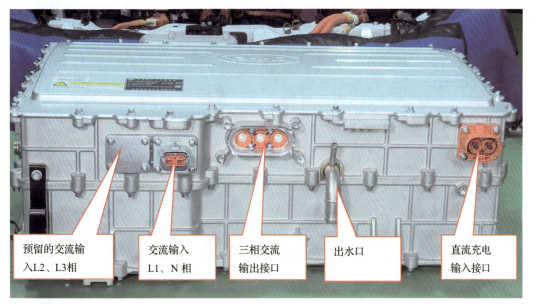

(a)

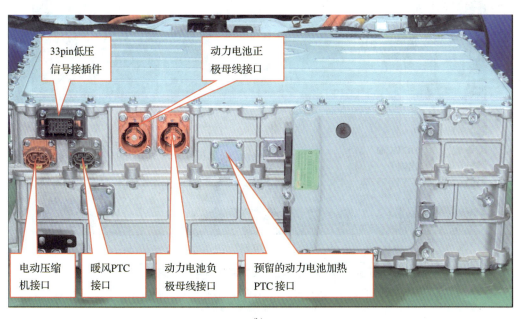

(b)

图 3-1-3　高压电控总成外部接口实物

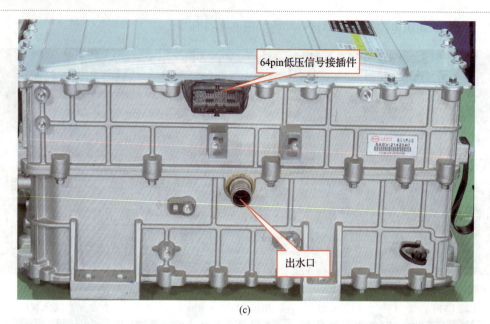

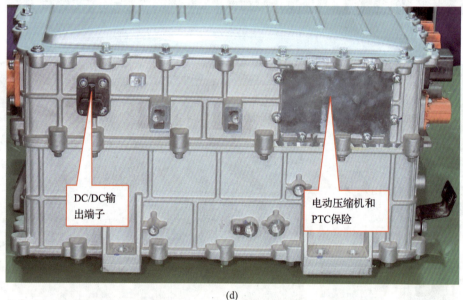

图 3-1-3　高压电控总成外部接口实物（续）

（a）高压电控总成前部接口；（b）高压电控总成后部接口；（c）高压电控总成左侧接口；
（d）高压电控总成右侧接口

三、比亚迪 e5 高压电控总成内部模块介绍

2018 款 e5 高压电控总成可分为上下两层，中间水道。高压电控总成上层包含电机控制器模块、高压配电模块、DC/DC 转换器模块和漏电传感器，如图 3-1-4 所示。

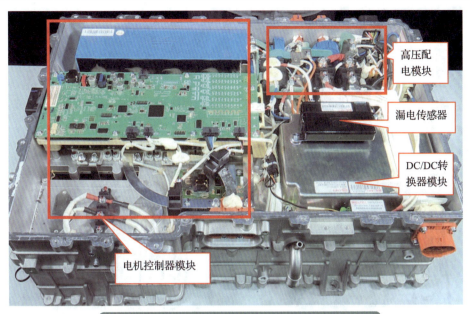

图 3-1-4　高压电控总成上层模块

高压电控总成下层模块包含车载充电机和直流快充升压线圈，如图 3-1-5 所示。

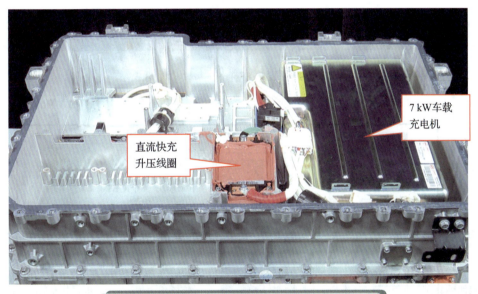

图 3-1-5　高压电控总成下层模块

高压电控总成中间的冷却水道如图 3-1-6 所示。

图 3-1-6　高压电控总成中间的冷却水道

四、2018 款比亚迪 e5 高压电控总成高压连接关系与低压接插件定义

2018 款比亚迪 e5 高压电控总成高压连接关系如图 3-1-7 所示。

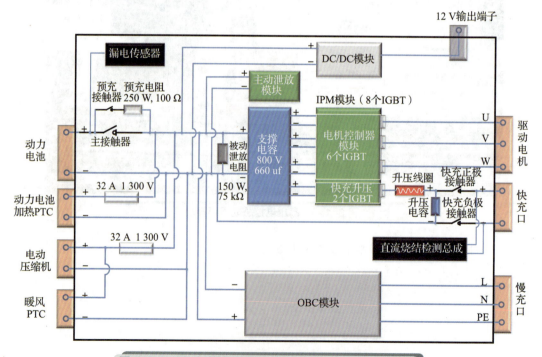

图 3-1-7　2018 款比亚迪 e5 高压电控总成高压连接关系

高压电控总成外部连接的高压部件有动力电池、驱动电机、电动压缩机、暖风PTC、慢充口、快充口以及预留的动力电池加热PTC，也连接DC/DC的低压输出端子。高压电控总成内部有主接触器、预充接触器、预充电阻（250 W，100 Ω）、支撑电容（800 V，660 μF）、IPM模块（电机控制器模块及快充升压IGBT）、升压线圈、升压电容、快充正极接触器、快充负极接触器、DC/DC模块、OBC模块、漏电传感器、直流烧结检测总成、主动泄放模块、被动泄放电阻（150 W，75 kΩ）、电动压缩机和暖风PTC的熔断丝（32 A，1 300 V）以及预留的动力电池加热PTC的熔断丝（32 A，1 300 V）。

车辆上电时，为避免大电流导致的主接触器烧蚀（接触器闭合瞬间，支撑电容相当于短路），预充接触器先闭合，由预充电阻进行限流，小电流对支撑电容充电，当支撑电容两端电压上升至一定值后，主接触器闭合，预充接触器断开。驱动车辆时，IPM的电机控制器模块，将高压直流电逆变为三相交流电输出给驱动电机，驱动车辆行驶。减速或制动时，驱动电机将车轮动能转换为三相交流电，由逆变器转换为高压直流电给动力电池充电，进行能量回收。高压直流电通过DC/DC模块转换为低压12 V电给低压蓄电池充电，通过32 A/1 300 V熔断丝给电动压缩机和暖风PTC供电。慢充时，通过OBC模块将交流电转换为高压直流电给动力电池充电。快充时，快充接触器闭合，通过升压线圈、升压电容升压后给动力电池充电。直流烧结检测总成检测快充正极接触器、快充负极接触器是否烧结。车辆下电时，主动泄放模块工作，很短时间内将高压泄放至60 V安全电压以下。被动泄放电阻并联在支撑电容两端，可以单独放电，也可以作为主动泄放的补充，即在主动泄放失效时，被动泄放电阻仍能将高电压泄放至60 V安全电压以下。漏电传感器检测高压正极母线对地漏电情况。

2018款e5高压电控总成有64pin和33pin两个低压接插件，64pin低压信号接插件引脚如图3-1-8所示，引脚说明如表3-1-1所示。

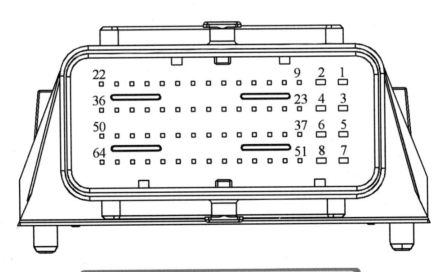

图3-1-8　高压电控总成64pin低压信号接插件引脚

表 3-1-1　64pin 低压信号接插件引脚说明

引脚号	端口名称	端口定义	线束接法	电源性质（比如：常电）	备注
1	+12V0	外部提供 ON 挡电源	接 IG3 电	IG3 双路电	
2	+12V1	外部提供常火电	常电	常电	
3					
4	+12V0	外部提供 ON 挡电源	接 IG3 电	IG3 双路电	
5					
6	GND	油门深度屏蔽地	车身地		
7	GND	外部电源地	车身地		
8	GND	外部电源地	车身地		
9					
10					
11					
12					
13					
14					
15	STATOR-T-IN	电机绕组温度	电机 B31-③		
16					
17	DC-BRAKE1	刹车深度 1	制动踏板 BG28-1		
18	DC-GAIN2	油门深度 2	油门踏板 BG44-1		
19					
20					
21					
22					
23					
24					
25					
26	GND	动力网 CAN 信号屏蔽地	车身地		

续表

引脚号	端口名称	端口定义	线束接法	电源性质（比如：常电）	备注
27					
28					
29	GND	电机模拟温度地	电机 B31-6		
30					
31	DC-BRAKE2	刹车深度2	制动踏板 B28-8		
32	DC-GAIN1	油门深度1	油门踏板 BG44-4		
33	DIG-YL1-OUT	预留开关量输出1	空		
34	DIG-YL2-OUT	预留开关量输出2	空		
35	/IN-HAND-BRAKE	手刹信号	预留		
36					
37	GND	刹车深度屏蔽地	车身地		
38	+5 V	刹车深度电源1	制动踏板 BG28-2		
39	+5 V	油门深度电源2	油门踏板 BG44-2		
40	+5 V	油门深度电源1	油门踏板 BG44-3		
41	+5 V	刹车深度电源2	制动踏板 BG28-7		
42					
43	SWITCH-YL1	预留开关量输入1	空		
44					
45	GND	旋变屏蔽地	电机		
46					
47					
48					
49	CANH	动力网 CANH	动力网 CANH		
50	CANL	动力网 CANL	动力网 CANL		
51	GND	刹车深度电源地1	制动踏板 BG28-2		
52	GND	油门深度电源地2	油门踏板 BG44-6		
53					

续表

引脚号	端口名称	端口定义	线束接法	电源性质（比如：常电）	备注
54	GND	油门深度电源地 1	油门踏板 BG44-5		
55	GND	刹车深度电源地 2	制动踏板 BG28-9		
56	SWITCH-YL2	预留开关量输入 2	空		
57	IN-FEET-BRAKE	制动信号	制动开关（接 MICU-W14 B2H-20）		
58					
59	/EXCOUT	励磁 -	电机 B30-4		
60	EXCOUT	励磁 +	电机 B30-1		
61	COS+	余弦 +	电机 B30-3		
62	COS-	余弦 -	电机 B30-6		
63	SIN+	正弦 +	电机 B30-2		
64	SIN-	正弦 -	电机 B30-5		

33pin 低压信号接插件引脚如图 3-1-9 所示，引脚说明如表 3-1-2 所示。

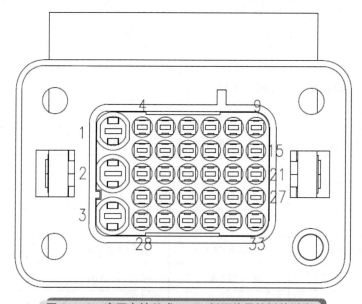

图 3-1-9　高压电控总成 33pin 低压信号接插件引脚

表 3-1-2　33pin 低压信号接插件引脚说明

引脚号	端口名称	端口定义	线束接法	电源性质（比如：常电）	备注
1	CP	充电控制确认 CP	接交流充电口		
2					
3		充电感应信号	接 BMS		
4		双路电电源	接 IG3 电	IG3 双路电	
5		双路电电源	接 IG3 电		
6		充电连接信号	接 BCM		
7	CC	充电连接确认 CC	接交流充电口		
8		GND 双路电电源地		双路电	
9		GND 双路电电源地			
10		GND 直流霍尔屏蔽地	接 BMS		
11		直流充电接触器烧结检测信号	接 BMS		
12		直流充电接触器烧结检测信号地	车身地		
13	GND	CAN 屏蔽地			
14		CAN_H	动力网		
15		CAN_L	动力网		
16		直流霍尔电源 +	接 BMS		
17		直流霍尔电源 –	接 BMS		
18		直流霍尔信号	接 BMS		
19	车身地	充电口温度检测信号地	接车身地		
20		充电口温度检测	接交流充电口		
21					

续表

引脚号	端口名称	端口定义	线束接法	电源性质（比如：常电）	备注
22	驱动/充电	高压互锁+			
23		高压互锁-			
24		主接触器/预充接触器电源	接IG3电		
25		直流充电正负极接触器电源	接IG3电		
26					
27					
28					
29		主预充接触器控制信号	接BMS		
30		直流充电正极接触器控制信号	接BMS		
31		直流充电负极接触器控制信号	接BMS		
32		主接触器控制信号	接BMS		
33					

> **拓展阅读**

五、2019款比亚迪e5 450高压电控总成

2019款比亚迪e5高压电控总成如图3-1-10所示。2019款比亚迪e5高压电控总成体积较小，在2018款基础上进行了简化，将整车控制器的功能独立出来，由整车控制器采集加速踏板传感器、制动踏板传感器等信息。同时，电机控制器与驱动电机集成，因此，高压电控总成只剩下了高压配电、车载充电机以及DC-DC转换器等模块，高压电控总成名字改为"充配电总成"，电路图如图3-1-11所示。

任务 1　高压电控总成认知

图 3-1-10　2019 款比亚迪 e5 高压电控总成（充配电总成）

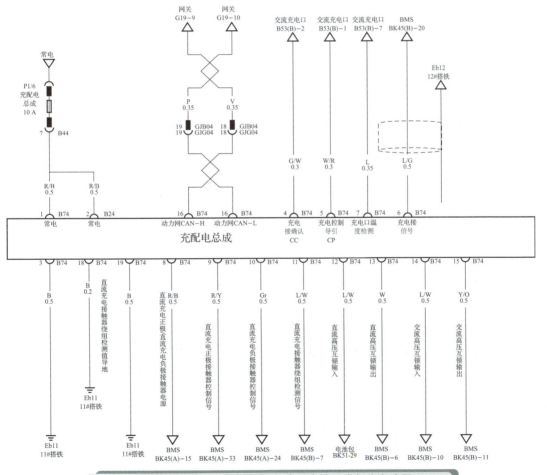

图 3-1-11　2019 款比亚迪 e5 高压电控总成部分电路图

学习情境 3　高压电控总成认知与更换

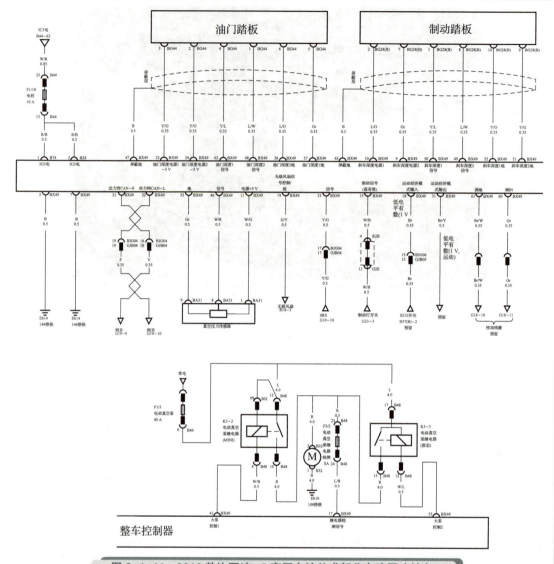

图 3-1-11　2019 款比亚迪 e5 高压电控总成部分电路图（续）

实践技能

六、高压电控总成更换

1. 作业准备

（1）穿戴好工服、绝缘鞋；
（2）做好车辆内外防护工作，防止弄脏、损坏或腐蚀车辆；
（3）按照规范流程完成车辆下电操作；
（4）按照规范流程放掉驱动系统冷却液；
（5）拆下格栅上盖板。

2. 高压电控总成外围附件拆卸

拆下快充、慢充高压线束固定卡扣，并拔下快充、慢充高压线束插接件，如图3-1-12所示。

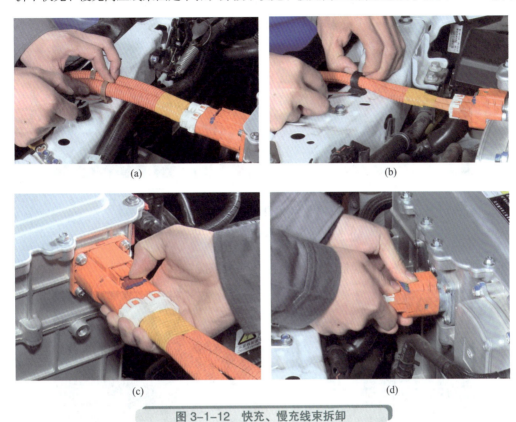

图3-1-12 快充、慢充线束拆卸

（a）拆下快充线束卡扣；（b）拆下慢充线束卡扣；（c）拔下快充线束；（d）拔下慢充线束

拆下驱动电机三相输出线束插接件的四个固定螺栓并拔下驱动电机三相输出线束插接件，如图3-1-13所示。

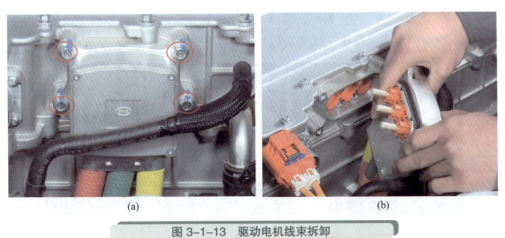

图3-1-13 驱动电机线束拆卸

（a）驱动电机线束插接件固定螺栓；（b）拔下驱动电机线束

拔下动力电池正负极母线插接件、64pin 低压信号插接件、33pin 低压信号插接件、电池管理控制器上的三个线束插接件、PTC 高压线束插接件、电动压缩机高压线束插接件、DC/DC 输出线束固定螺栓，取下 DC/DC 线束，如图 3-1-14 所示。

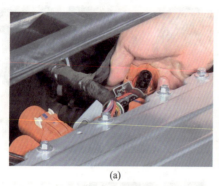

(a) (b)

图 3-1-14　动力电池母线等附件拆卸

（a）动力电池正负极母线等附件拆卸；（b）DC/DC 输出线束固定螺栓

拆下高压电控总成左右两侧搭铁线束固定螺栓，如图 3-1-15 所示。

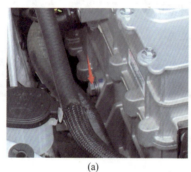

(a) (b)

图 3-1-15　搭铁线束拆卸

（a）左侧搭铁；（b）右侧搭铁

拆下前舱配电盒Ⅱ两个固定螺栓，将冷却液水管从高压电控总成挂钩中取出，拆下 PTC 水加热系统储液罐两个固定螺栓，如图 3-1-16 所示。

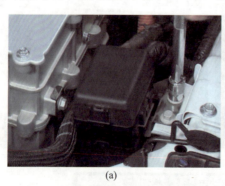
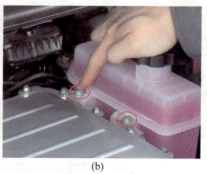

(a) (b)

图 3-1-16　前仓配电盒与 PTC 水加热系统储液罐拆卸

（a）拆下前舱配电盒Ⅱ固定螺栓；（b）拆下 PTC 水加热系统储液罐固定螺栓

下面是水管拆卸，松开高压电控总成进水管固定卡扣，松开高压电控总成进水管卡箍，拔下高压电控总成进水管；松开高压电控总成排气管卡箍，拔下高压电控总成排气管；松开高压电控总成出水管卡箍，拔下高压电控总成出水管，如图3-1-17所示。

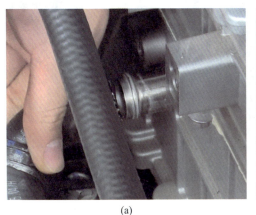 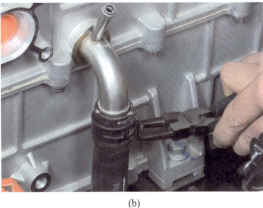

图 3-1-17　高压电控总成进出水管拆卸

（a）进水管拆卸；（b）出水管拆卸

3. 高压电控总成固定螺栓拆卸

分别拆下高压电控总成的六个固定螺栓，如图3-1-18所示。

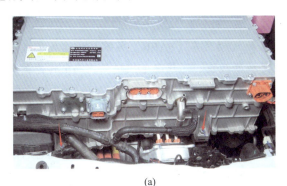

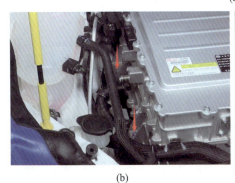 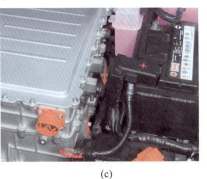

图 3-1-18　高压电控总成固定螺栓拆卸

（a）高压电控总成前部两个螺栓；（b）高压电控总成左侧两个螺栓；（c）高压电控总成右侧两个螺栓

拆下电动压缩机高压线束固定卡扣，将高压电控总成从前机舱小心抬出，放在防静电工作台上，如图 3-1-19 所示。

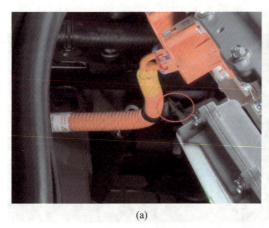
(a)

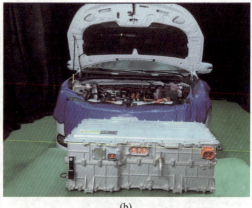
(b)

图 3-1-19　拆下电动压缩机高压线束固定卡扣并抬出高压电控总成
（a）拆下电动压缩机高压线束固定卡扣；（b）抬出高压电控总成

至此，高压电控总成拆卸作业完成，安装时按以上相反顺序进行。

单元小结

1. 2018 款比亚迪 e5 纯电动汽车（5AEB）高压电控总成集成了电机控制器模块、车载充电器模块、DC/DC 变换器模块、高压配电模块以及漏电传感器等，又称"简版四合一"。

2. 比亚迪 e5 或 e6 车型拥有 VTOG、VTOV、VTOL 功能，即车对电网放电、车对车放电（救援时的车对车充电）、车对负载（外接的用电设备）放电。

3. 当车辆下电时，主动泄放模块在 5 s 内将高压电容的电压降到 60 V 以下，释放危险电能；当主动泄放失效时，高压电容内残余的高压电通过放电电阻消耗，被动泄放模块在 2 min 内把高压电容电压降到 60 V 以下，作为主动泄放失效的二重保护。

电机驱动冷却系统检修

任务导入

小王在新能源汽车某 4S 店工作,今天接了一辆比亚迪 e5 纯电动汽车,该车报驱动系统过温故障,师傅告诉小王需要更换电动水泵,你知道如何更换电动水泵吗?

学习目标

1. 能通过与客户交流、查阅相关维修技术资料等方式获取车辆信息。
2. 能正确认知电机驱动冷却系统。
3. 能规范地对冷却系统进行检修。
4. 能规范地更换电动水泵。
5. 能规范地更换冷却液。

理论知识

一、电机驱动冷却系统概述

驱动系统由驱动电机、电机控制器及冷却系统构成。驱动电机与电机控制器在工作中会产生一部分热,天气炎热时需要对其进行强制散热,电动汽车一般采用的方法是水冷,即在电机控制器与驱动电机之中布置冷却水道,由电动水泵驱动冷却水使之循环将热量带到散热器进行散热,该冷却系统的状态形式与传统汽车的发动机冷却系统类似,如图 3-2-1 所示,该冷却系统还包括膨胀水壶。

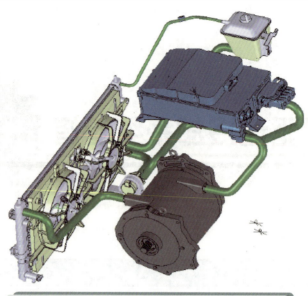

图 3-2-1 典型的电机驱动冷却系统

二、北汽 EV160 电机及控制器冷却系统介绍

北汽 EV160 纯电动车冷却系统的作用是对驱动电机及电机控制器进行冷却。冷却系统由电动水泵、电机控制器、驱动电机、散热器、冷却风扇、膨胀水箱和水管等组成。如图 3-2-3、图 3-2-4、图 3-2-5 与图 3-2-6 所示。

如图 3-2-2 所示,膨胀水箱连接管与膨胀水箱底部相连,这个水管与膨胀水箱上部相连。膨胀水箱的作用是调节散热器内部压力以及补充散热器液位。

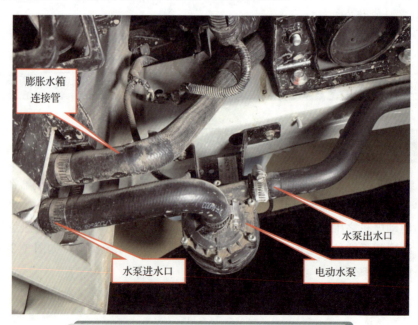

图 3-2-2 EV160 电动水泵相关部件

图 3-2-3　EV160 散热器与冷却风扇

图 3-2-4　EV160 散热器放水口

图 3-2-5　EV160 电动水泵的安装位置

图 3-2-6　EV160 膨胀水箱

三、北汽 EV160 电动水泵结构

北汽 EV160 电动水泵的水泵盖（进水口与出水口）由 6 个螺栓与水泵体紧固连接。如图 3-2-7 所示。

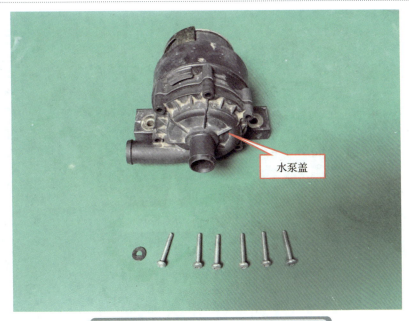

图 3-2-7　EV160 电动水泵

电动水泵由电机带动水泵转子，依靠离心力吸入冷却液，再将其加速甩出，去往电机控制器与驱动电机，如图 3-2-8 所示。

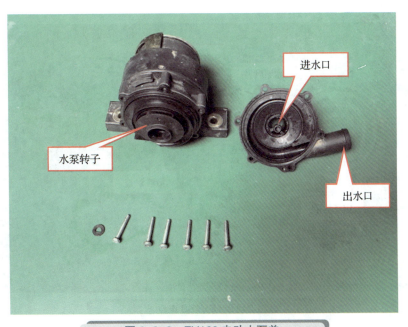

图 3-2-8　EV160 电动水泵盖

水泵转子与电机转子做成一体，水泵转子上带有永磁体。电机转子与定子之间的气隙由塑料罩盖隔离开，所以水泵转子处的冷却液无法进入到电机定子线圈，如图 3-2-9。

图 3-2-9　EV160 电动水泵

EV160 电动水泵的电机结构为直流无刷式，通过塑料罩盖将转子与定子隔离，转子套在塑料罩盖上的金属轴上，如图 3-2-10。

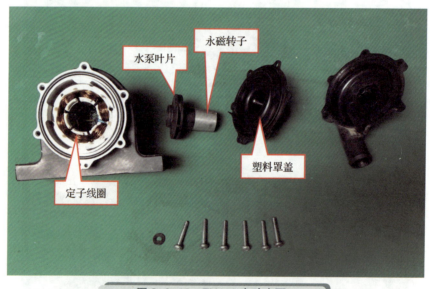

图 3-2-10　EV160 电动水泵

四、北汽 EV160 电机及控制器冷却系统控制策略

1. 水泵控制

起动车辆时电动水泵开始工作（即仪表显示 READY）；

2. 电机温度控制

当控制器监测到驱动电机温度在 45℃~50℃时，冷却风扇低速起动；
当温度大于 50℃时，冷却风扇高速起动；
温度降至 40℃时冷却风扇停止工作；
温度在 120℃~140℃时，降功率运行；
温度大于 140℃时，降功率至 0，即停机。

3. 电机控制器温度控制

当控制器监测到散热基板温度大于 75℃时，冷却风扇低速起动；
当控制器监测到散热基板温度大于 80℃时，冷却风扇高速起动；
当控制器监测到散热基板温度降至 75℃时，冷却风扇停止工作；
当控制器监测到散热基板温度大于 85℃时，超温保护，即停机；
当控制器监测到散热基板温度在 75℃~85℃时，降功率运行。

五、比亚迪 e5 电机驱动冷却系统介绍

比亚迪 e5 电机驱动的冷却系统包括散热器、电动水泵、高压电控总成、驱动电机、储液罐及各个管路等，如图 3-2-11 所示。电动水泵将散热器内部的冷却液加压后送到高压电控总成冷却水套中，冷却液对高压电控总成进行冷却后再流向驱动电机冷却水套，对电机进行冷却，冷却液最后从电机出水口流向散热器上部。冷却系统加注的是乙二醇型长效防锈防冻液，用量 6.2 L。

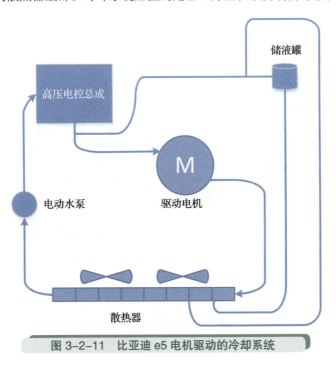

图 3-2-11　比亚迪 e5 电机驱动的冷却系统

比亚迪 e5 驱动系统冷却电动水泵安装在驱动电机前部底端，如图 3-2-12 所示，电动水泵将经过散热器降温的冷却液输送至高压电控总成的冷却水道。

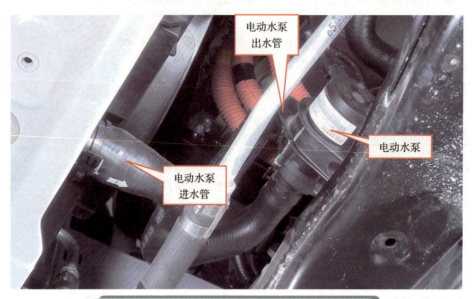

图 3-2-12　比亚迪 e5 驱动系统冷却电动水泵

比亚迪 e5 电机控制器模块集成在高压电控总成内，高压电控总成还集成了车载充电器模块、DC/DC 变换器模块、高压配电模块以及漏电传感器等，各个模块在工作时都会发热，都需要进行冷却。驱动系统冷却液储液罐、高压电控总成进出水口如图 3-2-13 所示。

图 3-2-13　驱动系统冷却液储液罐、高压电控总成进出水口

电动水泵输送的冷却液通过高压电控总成中间水道对电机控制器模块、车载充电机模块、DC/DC 等模块进行冷却。高压电控总成中间冷却水道及冷却液流动路径如图 3-2-14 所示。

图 3-2-14　比亚迪 e5 高压电控总成中间冷却水道及冷却液流动路径

由高压电控总成流出的冷却液进入驱动电机，对驱动电机进行冷却，冷却液温度由冷却液温度传感器进行检测，并将温度信号反馈给高压电控总成，如图 3-2-15 所示。

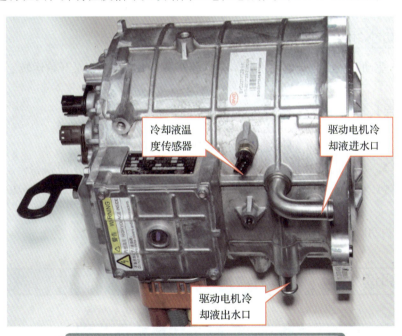

图 3-2-15　冷却液温度传感器

冷却液再由驱动电机冷却水道流向散热器，散热器对冷却液进行散热，如此往复循环。双电子风扇的散热器如图 3-2-16 所示。

图 3-2-16 双电子风扇的散热器

六、比亚迪 e5 冷却系统控制策略

1. 电动水泵控制

比亚迪 e5 驱动系统的冷却电动水泵,在电源开关 ON 位时,水泵开始运转。

2. 风扇控制

冷却液水温为 40℃~50℃时低速请求,大于 55℃时高速请求;
IPM 为 53℃~64℃时低速请求,大于 64℃时高速请求,大于 85℃时报警;
IGBT 为 55℃~75℃时低速请求,大于 75℃时高速请求,大于 90℃时限制功率输出,大于 100℃时报警;
电机温度为 90℃~110℃时低速请求,大于 110℃时高速请求。

拓展阅读 →

七、DC50B 型新能源汽车电动水泵

该电动水泵取消了电机与水泵叶轮之间的机械连接,彻底解决了汽车水泵水封漏水问题,该水泵分为 12 V 系统和 24 V 系统,可以兼容目前车用主流电源系统。在电路设计方面,采用三相全桥驱动,采用的主控芯片在 12 V 系统时无须额外驱动芯片,可以直接驱动 MOS 管,减少了元件数量和控制器体积。在控制方式上,采用了无传感器换向和正弦波驱动的方式,提高了系统的可靠性同时减小了电机噪声,并且具有 PWM 和 LIN 总线通信接口,如图 3-2-17

所示。可以通过控制指令实时控制水泵输出功率。在机械工艺方面，其采用了有效的散热设计，保证了设计的紧凑性，达到减小体积、减轻重量、提高功率密度的目标。真正实现了体积小、重量轻、效率高、智能化的特点，可以满足电动汽车的控制器、驱动电机散热和传统汽车的辅助散热需求。

该电动水泵驱动电路如图 3-2-18 所示，由 6 个 MOS 管产生 PWM 信号驱动电机工作。

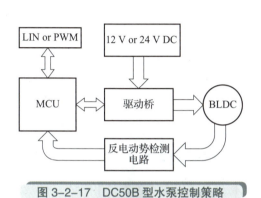

图 3-2-17 DC50B 型水泵控制策略

图 3-2-18 DC50B 型电动水泵驱动电路

该电动水泵性能指标如表 3-2-1 所示。

表 3-2-1 DC50B 型电动水泵性能指标

参数	指标
额定输入电压范围	9~15 V（12 V），18~30 V（24 V）
最大输入电流	6 A（12 V），3 A（24 A）直流
额定功率	65 W
最大整机效率	45%
控制方式	PWM 或 LIN
初次缘绝缘	功能性绝缘（2 500 V）
密封防水等级	IP65
工作环境温度	−40℃ ~+130℃
外壳	铝合金外壳
体积	$\phi 65$ mm × 130 mm
重量	小于 600 g

实践技能

八、电动水泵更换

当电动水泵故障导致高压电控总成与电机冷却效果变差，温度加高时，需更换电动水泵。

安全注意事项：

因电动水泵位于车身下部，附近有高压线缆，所以拆卸电动水泵之前必须严格按照规范对车辆进行下电操作。需关闭点火开关，断开蓄电池负极，拔下维修开关。为确保安全，最好由两人共同完成电动水泵的更换。

比亚迪 e5 电动水泵更换过程：

用手触摸，确认电机和冷却液储液罐等已冷却，沿逆时针方向慢慢旋开冷却液储液罐盖，将冷却系统中的残余压力全部释放，取下储液罐盖，如图 3-2-19 所示。

图 3-2-19 旋下储液罐盖

举升车辆，旋下散热器放水阀，将排出的冷却液存放于合适的容器内，排尽冷却液，如图 3-2-20 所示。

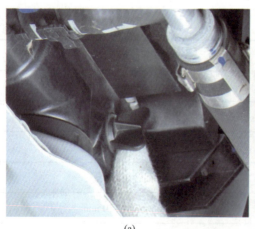 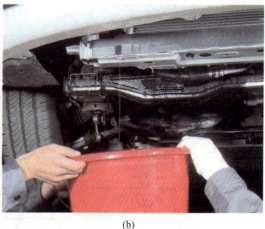

(a) (b)

图 3-2-20 排尽冷却液

（a）旋下散热器放水阀；（b）排尽冷却液

安装散热器放水阀，降下，拆下电动水泵线束插头，松开电动水泵出水管卡箍，拆下电动水泵出水管，如图 3-2-21 所示。

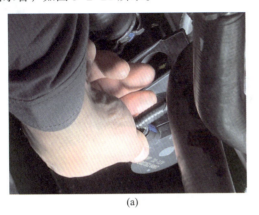 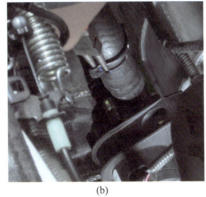

图 3-2-21　拆下电动水泵出水管

（a）拆下电动水泵线束插头；（b）松开电动水泵出水管卡箍

举升车辆，松开电动水泵进水管卡箍，拆下电动水泵进水管，拆下电动水泵两个固定螺丝，取下电动水泵，如图 3-2-22 所示。

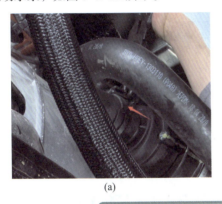 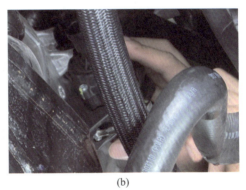

图 3-2-22　拆下电动水泵进水管及电动水泵

（a）松开电动水泵进水管卡箍；（b）拆下电动水泵两个固定螺丝

电动水泵拆卸完成，安装按以上的相反顺序进行。

单元小结

1. 比亚迪 e5 驱动系统的冷却系统包括散热器、电动水泵、高压电控总成、驱动电机、储液罐及各个管路等。

2. 电动水泵将散热器内部的冷却液加压后送到高压电控总成冷却水套中，冷却液对高压电控总成进行冷却后再流向驱动电机冷却水套，对电机进行冷却，冷却液最后从电机出水口流向散热器上部。

3. EV160 电动水泵的电机结构为直流无刷式，通过塑料罩盖将转子与定子隔离，转子套在塑料罩盖上的金属轴上。

电机控制器模块认知

任务导入

小王在新能源汽车某4S店工作,今天接了一辆无法行驶的车,师傅检查后告知小王是电机控制器模块出故障了,你能拆开高压电控总成并认知电机控制器模块吗?

学习目标

1. 能通过与客户交流、查阅相关维修技术资料等方式获取车辆信息。
2. 能根据故障现象选择合适的维修手册。
3. 能正确将电机控制器模块进行拆解。
4. 能正确认知电机控制器模块并绘制电机控制器模块原理图。

理论知识

一、电机控制器概述

整车控制器(VCU)根据驾驶员意图发出各种指令,电机控制器响应并反馈,实时调整驱动电机输出,以实现整车的怠速、前行、倒车、停车、能量回收及驻坡等功能。电机控制器一般是一个独立的部件,有的将电机控制器与驱动电机集成一体,有的将电机控制器与DC/DC模块集成一体。另外,不同车型,电机控制器在车上的位置也不一样,北汽EV160的电机控制器在车上的位置如图3-3-1所示。

任务 3　电机控制器模块认知

图 3-3-1　电机控制器在车上的位置

电机控制器另一个重要功能是通信和保护，实时进行状态和故障检测，保护驱动电机系统和整车安全可靠运行，整个驱动电机系统基本的连接示意图如图 3-3-2 所示。

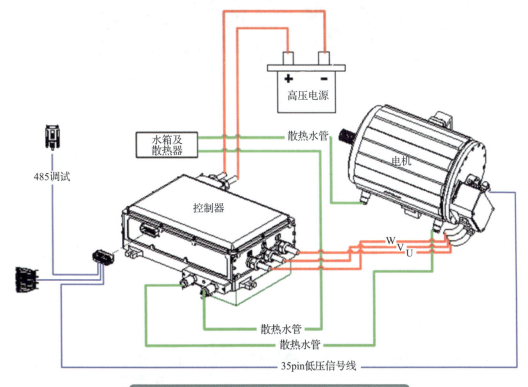

图 3-3-2　驱动电机系统基本的连接示意图

电机控制器接收来自动力电池的高压直流电,根据VCU(整车控制器)发送来的驾驶员驾驶意图,在当前电机运转状况的基础上,逆变出一定频率和幅值的高压三相交流电(U、V、W)驱动电机运转。电机的定子温度和转子位置信号通过低压信号线传输给电机控制器,供其了解当前电机的工作状态。电机控制器内有冷却水道,用于冷却驱动板。

2018款比亚迪e5 450电动汽车的电机控制器与整车控制器集成在一起,并且内置于高压电控总成中,如图3-3-3所示。

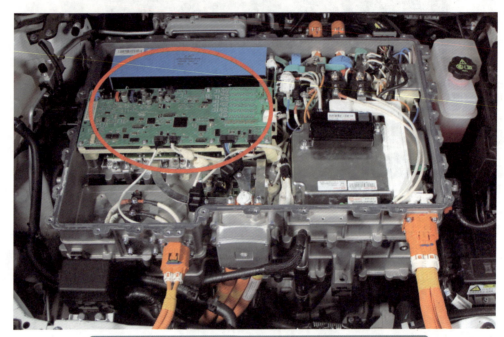

图3-3-3　2018款比亚迪e5 450电动汽车的电机控制器模块

查阅2018款比亚迪e5 450电动汽车的电路图,油门踏板位置传感器信号、制动踏板位置传感器等关键信号通过高压电控总成64pin低压接插件进入图3-3-3的电机控制器模块中,集成了整车控制器模块功能。如图3-3-4所示。

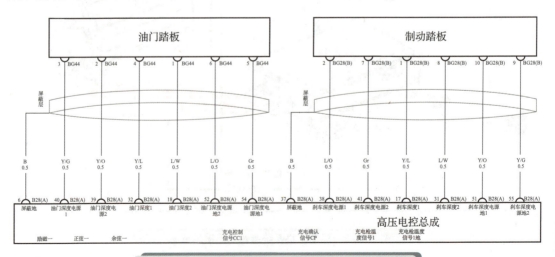

图3-3-4　2018款比亚迪e5电机控制器部分电路图

二、电机控制器的结构组成

电机控制器内部一般有很多电路板件和组件层层叠加而成,图3-3-5所示为北汽EV160电动汽车上的电机控制器部件,主要由IGBT模块组件(在驱动板上)、屏蔽板组件、控制板组件、传感器支架组件、三相插接件、直流插接件等组成。

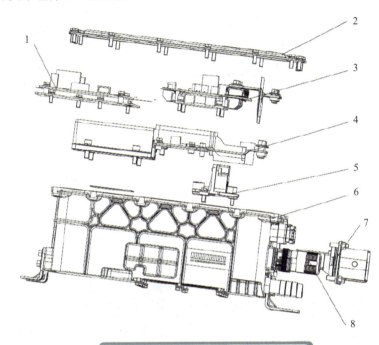

图3-3-5 电机控制器组成

1—屏蔽板组件;2—箱体盖板组件;3—模块组件;4—控制板组件;5—传感器支架组件;
6—控制器箱体组件;7—三相接插件;8—直流接插件

控制板在最上层,安装在屏蔽板上,下层是IGBT模块及驱动板,如图3-3-6所示。

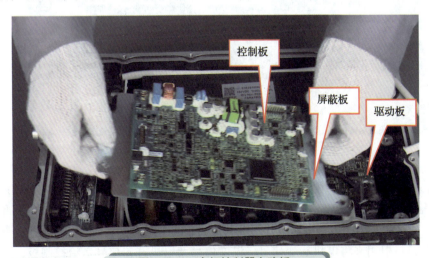

图3-3-6 电机控制器电路板

驱动板下方有散热片，最下层是冷却水道，冷却水流过散热片进行散热，如图3-3-7所示。

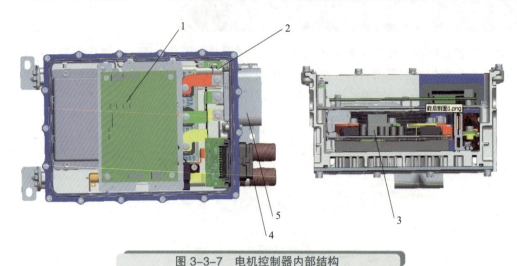

图3-3-7 电机控制器内部结构

1—控制板；2—水道；3—IGBT模块及驱动板；4—直流高压插件；5—UVW高压插件

高压直流插接件与来自高压盒的高压直流母线相连接。UVW高压插件与电机控制器的三相高压线连接。电机控制器低压插件与驱动电机连接，接收电机工作状态信息，还与整车控制器连接，接收整车控制器的驱动控制信号，并把电机工作状态传送给整车控制器，如图3-3-8所示。

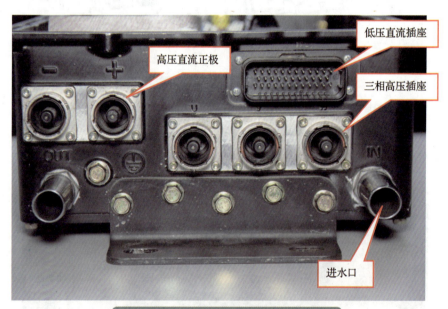

图3-3-8 电机控制器接口

控制板上是弱电电路，用于和其他部件互相通信，接收各类传感器信息，经过计算来控制IGBT模块输出相应的UVW三相电，从而控制驱动电机按指令运转。为了减小下部的驱动板工作时高频高压的开闭产生的电磁干扰，控制板通过4个螺栓安装在屏蔽板上。控制板上有两根低压线束，一根用来将电机旋变信号、温度信号及电机开盖信号送给控制板，并使控制板与整车控制器通信；另一根低压线束连接下部的驱动板，用来控制驱动板工作。控制板上有控制板主芯片、旋变信号解码芯片和电机控制芯片，如图 3-3-9 所示。

图 3-3-9　电机控制器控制板

驱动板上有含有 6 个 IGBT 的集成模块，用于产生三相交流电，驱动板上有一根与控制板连接的低压线束用来接收控制板的控制信号，同时将驱动板的工作状态信息传递给控制板。

IGBT 模块及驱动板是强电电路，其作用是在控制板的控制下，将高压盒传输过来的高压直流电逆变成 UVW 三相交流电，输出给驱动电机，使其按指令运转，如图 3-3-10 所示。

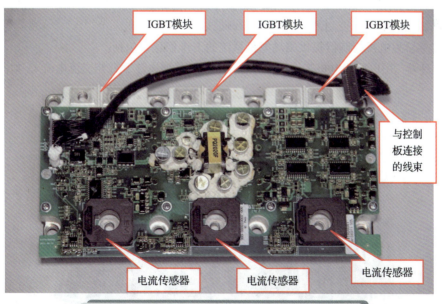

图 3-3-10　电机控制器驱动板

水道的作用是通过冷却液的流动给 IGBT 模块及驱动板冷却散热，电动水泵驱动冷却液在电机、电机控制器与散热器之间循环流动，如图 3-3-11 所示。

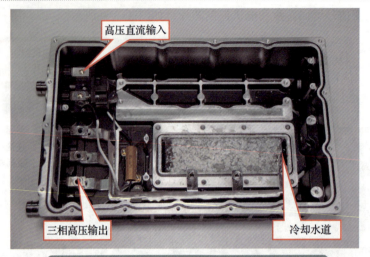

图 3-3-11 电机控制器散热水道

比亚迪 e5 450 电动汽车的电机控制器内置于高压电控总成内,虽然不是一个单独的部件,但是其组成结构与北汽 EV160 的电机控制器类似,也是由支撑电容、放电电阻、驱动板、屏蔽板、控制板、冷却系统及接插件等组成,将在本单元实践内容部分进行介绍。

三、电机控制器工作原理

控制板对所有的输入信号进行处理,并将驱动电机控制系统运行状态的信息通过 CAN 网络发送给整车控制器。驱动电机控制器内含故障诊断电路,当诊断出异常时,它将会激活一个错误代码,发送给整车控制器,同时也会存储该故障码和数据。

以下传感器为电机控制器提供驱动电机系统的工作信息,包括:

电流传感器:用以监测电机工作的实际电流(包括母线电流、三相交流电流),如图 3-3-12 所示。

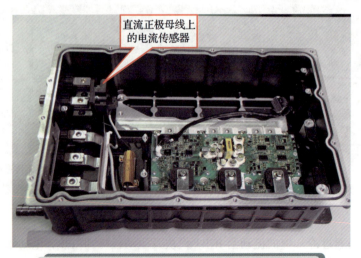

图 3-3-12 直流正极母线上的电流传感器

电压传感器：用以监测供给电机控制器工作的实际电压（包括动力电池电压、12 V 蓄电池电压）。

温度传感器：用以监测电机控制系统的工作温度（包括 IGBT 模块温度、电机控制器板载温度）。

在驱动电机系统中，驱动电机的输出动作主要是靠电机控制器给定命令执行，即控制器输出命令。电机控制器主要是将输入的直流电逆变成幅值、频率可调的三相交流电，驱动配套的三相永磁同步电机工作。

电机控制器的主要功能：

（1）与整车控制器通信；

（2）监测直流母线电流；

（3）控制 IGBT 模块；

（4）监控高压线束连接情况；

（5）反馈 IGBT 模块温度；

（6）旋变传感器励磁供电；

（7）旋变信号分析；

（8）信息反馈。

以上主要功能是由控制板和接口电路来完成的，如图 3-3-13 所示。

图 3-3-13　控制板及接口电路位置

1. IGBT 主要功能

电力电子电路的基本形式如下：

交流/直流变换（AC/DC 变换）：整流。

直流/交流变换（DC/AC 变换）：逆变。

直流/直流变换（DC/DC 变换）：斩波。

交流/交流变换（AC/AC 变换）：变频。

IGBT 是一种功率开关电力电子元器件，功率开关器件主要有三种，分别是不可控器件——

二极管、半控型器件——晶闸管、全控型器件——如 IGBT。IGBT 模块如图 3-3-14 所示。

EV160 驱动电机控制器采用三相两电平电压源型逆变器。驱动电机系统的控制中心又称智能功率模块，是以 IGBT（绝缘栅双极型晶体管）模块为核心的，辅以驱动集成电路、主控集成电路来完成逆变工作。将直流电转换成可控的交流电的过程就称为逆变。

图 3-3-14　IGBT 模块

IGBT 驱动板的功能：

（1）信号反馈给电机控制器控制主板；

（2）检测直流母线电压；

（3）直流转换交流及变频；

（4）监测相电流的大小；

（5）监测 IGBT 模块温度；

（6）三相整流。

IGBT 模块共有 6 个 IGBT，分别为 V1、V2、V3、V4、V5、V6。其工作过程就像一个 3 极管，但它可以开关很大的电压和电流。图 3-3-15 中，此时 V1 导通，来自 U+ 的电压通过 V1 来到 U 端，V6 同时导通，使得电流从 W 端经过 V6 回到 U- 端，通过不断地轮流切换 6 个 IGBT 可以在 UVW3 个端子间产生可控的交流电。IGBT 模块的工作原理如图 3-3-15 所示。

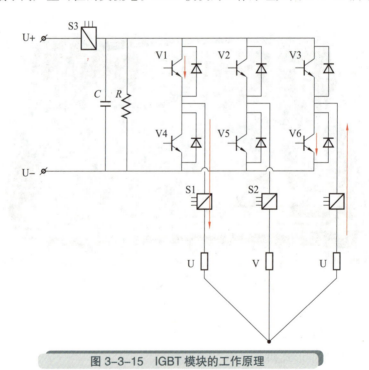

图 3-3-15　IGBT 模块的工作原理

当 U、V、W 三相在初始位置时，U 相电压位于零点，没有电压，W 相电压位于较正电位的高位，V 相电压位于负电位的低位，W 相与 V 相电压之间有较大电位差，此时，第三组 IGBT 模块的第一个 IGBT 导通，来自高压直流的正极的电流从 W 相线圈流入，第二组 IGBT 模块的第二个 IGBT 导通，电流从 V 相线圈流出回到高压直流的负极，V 相和 W 相线圈产生相应的磁场，如图 3-3-16 所示。

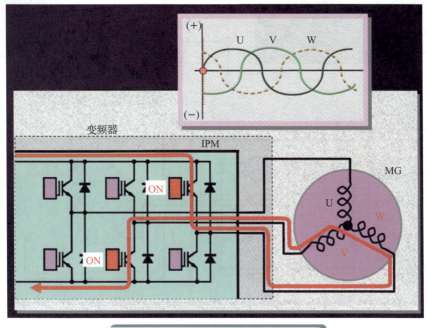

图 3-3-16　IGBT 工作原理

当 V 相位于零电位时，U 相电压位于零点，没有电压，W 相电压位于较正电位的高位，V 相电压位于负电位的低位，W 相与 V 相电压之间有较大电位差，此时，第三组 IGBT 模块的第一个 IGBT 导通，来自高压直流的正极的电流从 W 相线圈流入，第二组 IGBT 模块的第二个 IGBT 导通，电流从 V 相线圈流出回到高压直流的负极，V 相和 W 相线圈产生相应的磁场，如图 3-3-17 和图 3-3-18 所示。

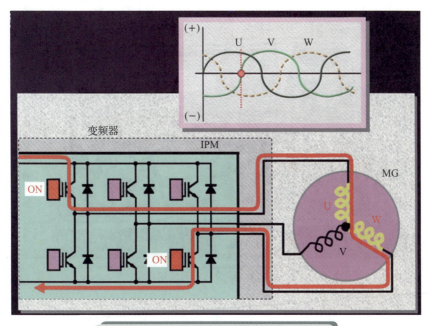

图 3-3-17　IGBT 工作原理（一）

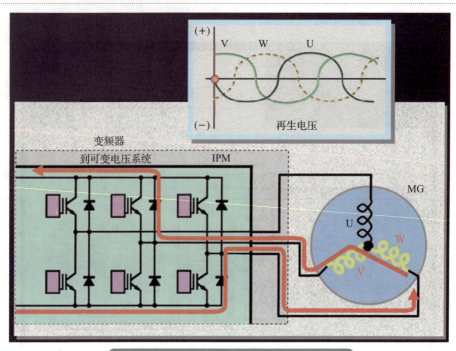

图 3-3-18　IGBT 工作原理（二）

2. 超级电容和放电电阻的功能

超级电容：接通高压电路时给电容充电，在电机起动时保持电压的稳定。

放电电阻：断开高压电路时，通过电阻给电容放电，如图 3-3-19 所示。

放电电路故障时，会报放电超时导致高压断电。

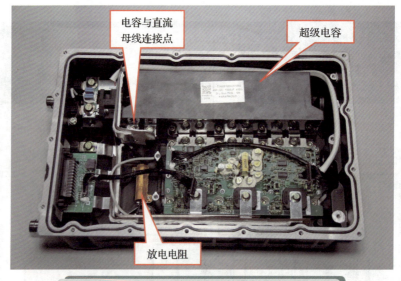

图 3-3-19　超级电容与放电电阻

在电机控制工作时，放电电阻会一直消耗电能。放电电路如图 3-3-20 所示。

3. 电机控制器工作条件

（1）高压电源输入正常（绝缘性能大于 20 MΩ）。
（2）低压 12 V 电源供电正常（电压范围 9~16 V）。
（3）与整车控制器通信正常。
（4）电容放电正常。
（5）旋变传感器信号正常。
（6）三相交流输出电路正常。
（7）电机及电机控制器温度正常。
（8）开盖保持开关信号正常。

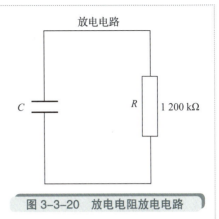

图 3-3-20 放电电阻放电电路

4. 电机控制器驱动模式

整车控制器根据车辆运行的不同情况，包括车速、挡位、电池 SOC（电量）值，来决定电机输出扭矩/功率。当电机控制器从整车控制器处得到扭矩输出命令时，将动力电池提供的直流电转化成三相正弦交流电，驱动电机输出扭矩，通过机械传输来驱动车辆。如图 3-3-21 所示。

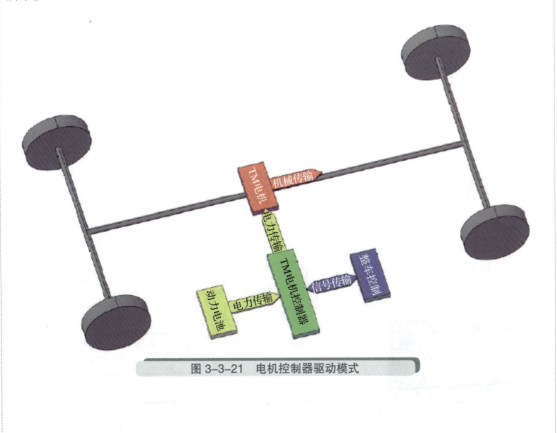

图 3-3-21 电机控制器驱动模式

5. 电机控制器发电模式

当车辆在滑行或制动时，电机控制器从整车控制器得到发电命令后，电机控制器将电机处于发电状态。此时电机会将车子动能转化成电能。然后，三相正弦交流电通过电机控制器转化为直流电，存储到动力电池中。如图 3-3-22 所示。

图 3-3-22　电机控制器发电模式

6. 电机控制器低压插件

低压插件是电机控制器对外通信的通道，为 35pin 插件，如图 3-3-23 所示。

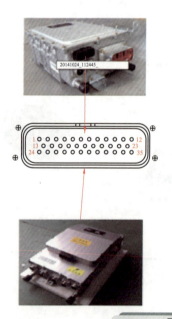

型号	编号	信号名称	说明
AMP 35pin C-776163-1	12	激励绕组R1	电机旋转变压器接口
	11	激励绕组R2	
	35	余弦绕组S1	
	34	余弦绕组S3	
	23	正弦绕组S2	
	22	正弦绕组S3	
	33	屏蔽层	
	24	12 V_GND	控制电源接口
	1	12 V+	
	32	CAN_H	CAN总线接口
	31	CAN_L	
	30	CAN_PB	
	29	CAN_SHIELD	
	10	TH	电机温度传感器接口
	9	TL	
	28	屏蔽层	
	8	485+	RS485总线接口
	7	485-	
	15	HVIL1(+L1)	高低压互锁接口
	26	HVIL2(+L2)	

图 3-3-23　电机控制器低压插件

7. 高压动力线束插件

动力电池的直流电通过高压盒提供给驱动电机控制器，在电机控制器上布置2个安菲诺高压连接插座。电机控制器提供三相交流电到驱动电机，主要依靠规格35 mm²的三根电缆及高压连接器，除大洋的驱动电机在C30DB上采用安菲诺独立插头外，其余的都是LS整体式插头，上述高压连接器均具备防错差功能。如图3-3-24所示。

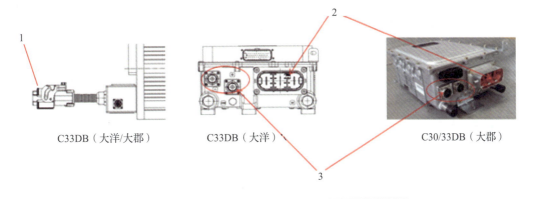

图3-3-24 电机控制器高压连接插头
1—高压连接器；2—交流高压接口；3—直流高压接口

拓展阅读

四、交流整流

交流整流分为半波整流、全波整流和桥式整流。

1. 半波整流

图3-3-25所示为一种最简单的整流电路。它由电压变压器、整流二极管D和负载电阻R_{fz}组成。变压器把市电电压变换为所需要的交变电压E_2，D再把交流电变换成脉动直流电。

如图3-3-26所示，变压器次级电压E_2是一个方向和大小都随时间变化的正弦波电压。

在0-π时间内，E_2为正半周，即变压器上端为正，下端为负。此时二极管承受正向电压而导通，E_2通过它加在负载电阻R_{fz}上。

在π-2π时间内，E_2为负半周，变压器次级下端为正，上端为负。此时D承受反向电压，不导通，R_{fz}上无电压。

在2π-3π时间内，重复0-π时间的过程，这样反复下去。

交流电的负半周就被"削"掉了，只有正半周通过R_{fz}，在R_{fz}上获得一个单一右向（上正下负）的电压，从而达到整流的目的，但是通过R_{fz}的电流大小随时间而变化，通常称它为脉动直流。

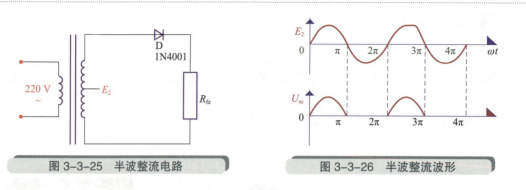

图 3-3-25 半波整流电路　　图 3-3-26 半波整流波形

这种除去下半周的整流方法称为半波整流。半波整流是以"牺牲"一半交流电为代价而换取整流效果的，电流利用率很低，因此常用在高电压、小电流的场合，在一般无线电装置中很少采用。

2. 全波整流

把半波整流电流的结构做些调整，可以得到一种能充分利用电能的全波整流电路。如图 3-3-27 所示。全波整流可看作由两个半波整流电路组合而成的。变压器次级线圈中间需要引出一个抽头，把次级分成两个对称的绕组，从而引出大小相等但极性相反的两个电压 E_{2a}、E_{2b}，构成 E_{2a}、D1、R_{fz} 与 E_{2b}、D2、R_{fz}，两个通电回路。

在 0-π 时间内，E_{2a} 对 D1 为正向电压，D1 导通，在 R_{fz} 上得到上正下负的电压；E_{2b} 对 D2 为反向电压，D2 不导通。

在 π-2π 时间内，E_{2b} 对 D2 为正向电压，D2 导通，在 R_{fz} 上得到的仍然是上正下负的电压；E_{2a} 对 D1 为反向电压，D1 不导通。

在 2π-3π 时间内，重复 0-π 时间内的过程，如此反复下去，如图 3-3-28 所示。

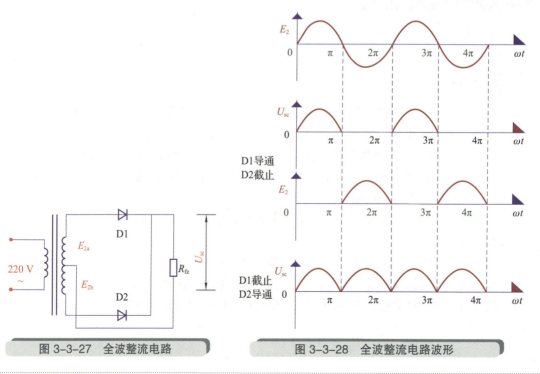

图 3-3-27 全波整流电路　　图 3-3-28 全波整流电路波形

全波整流不仅利用了正半周,而且还巧妙地利用了负半周,从而大大提高了整流效率。但全波整流变压器需要有一个两端对称的次级中心抽头,这给制作带来很多麻烦,而且这种电路每只整流二极管承受的最大反向电压是变压器次级电压最大值的两倍,因此需用能承受较高电压的二极管。

3. 桥式整流

桥式整流电路是使用最多的一种整流电路。这种电路只要增加两只二极管口连接成"桥"式结构,便具有全波整流电路的优点,同时在一定程度上克服了它的缺点,其结构如图3-3-29所示。

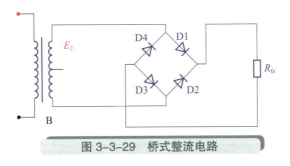

图 3-3-29 桥式整流电路

桥式整流电路的原理为:

E_2 为正半周时,对 D1、D3 施加正向电压,D1、D3 导通;对 D2、D4 施加反向电压,D2、D4 截止。电路中构成 E_2、D1、R_{fz}、D3 通电回路,在 R_{fz} 上形成上正下负的半波整流电压。如图 3-3-30 所示。

E_2 为负半周时,对 D2、D4 施加正向电压,D2、D4 导通,对 D1、D3 施加反向电压,D1、D3 截止。电路中构成 E_2、D2、R_{fz}、D4 通电回路,同样在 R_{fz} 上形成上正下负的另外半波的整流电压。如图 3-3-31 所示。

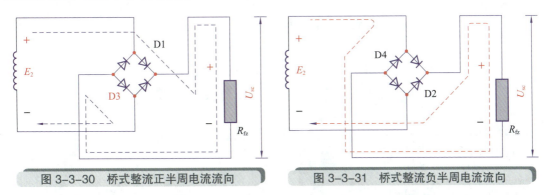

图 3-3-30 桥式整流正半周电流流向　　　图 3-3-31 桥式整流负半周电流流向

如此反复下去,在 R_{fz} 上便得到全波整流电压,其波形图和全波整流波形图一样,桥式电路中每只二极管承受的反向电压等于变压器次级电压的最大值,比全波整流电路小一半。

实践技能

五、比亚迪 e5 450 电机控制器模块认知

2018 款比亚迪 e5 450 电机控制器模块内置于高压电控总成内,需要拆开高压电控总成。首先按照规范安全地将高压电控总成从车上拆下,然后用 8 mm 套筒拆下高压电控总成上盖固定螺栓,如图 3-3-32 所示。

图 3-3-32 拆下高压电控总成上盖固定螺栓

取下高压电控总成上盖,可看到电机控制器模块区域,如图 3-3-33 所示,主要包括高压直流输入端(连接动力电池)、高压支撑电容(800 V,660 μF)、电机控制器模块控制板、电机控制器模块驱动板、汇流条及霍尔电流传感器、三相交流输出端(连接驱动电机)等。另外,还有主动泄放模块、被动泄放电阻(150 W,75 kΩ)、预充电阻(250 W,100 Ω)等部件。

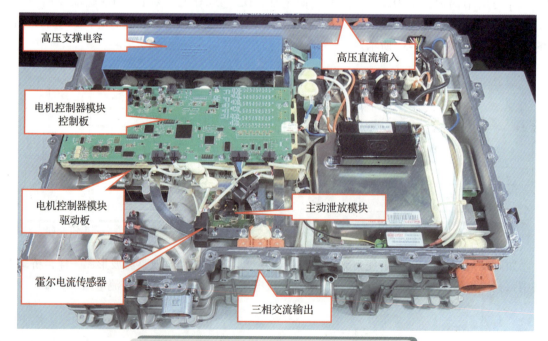

图 3-3-33 高压电控总成内的电机控制器模块

依次拆下高压电控总成下盖及高压电控总成内的附件，拆下电机控制器模块，高压电控总成中间层为共用的冷却水道，如图 3-3-34 所示。

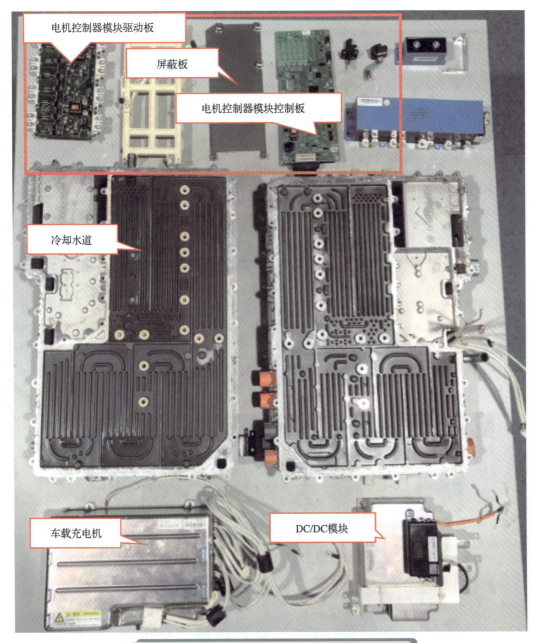

图 3-3-34　解体后的高压电控总成

低压控制板监测电机当前的电流、电压、温度、转速、转子位置等信息,根据加速踏板位置传感器及挡位等信号解析驾驶员驾驶意图,进而控制下层的驱动板工作。低压控制板部分部件名称如图 3-3-35 所示。

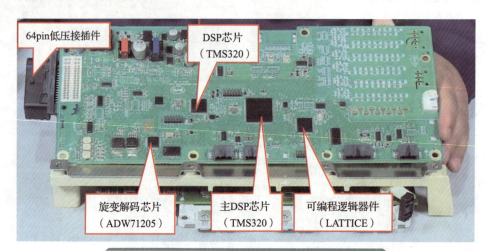

图 3-3-35　电机控制器模块低压控制板

电机控制器模块的高压驱动板及高压支撑电容如图 3-3-36 所示,驱动板上共有 4 组 IGBT 模块,每组 IGBT 模块集成了 2 个 IGBT,共有 8 个 IGBT 模块,IGBT 模块配备了专门的驱动芯片。6 个 IGBT 模块用于电机控制器逆变,输出 U、V、W 三相交流电,通过汇流排输出给驱动电机,进而驱动车辆行驶。能量回馈时,电机控制器将车辆的动能转换成高压直流电给动力电池充电。

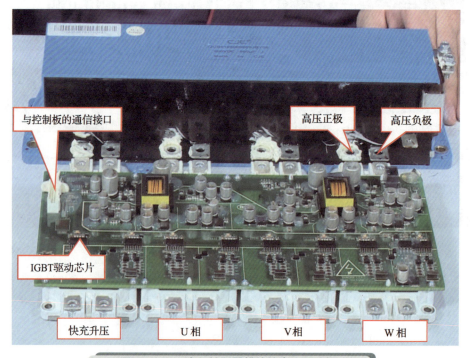

图 3-3-36　电机控制器模块的高压驱动板

通过以上对电机控制器模块的认知,我们可以画出比亚迪 e5 450 电机控制器模块的原理图,如图 3-3-37 所示。

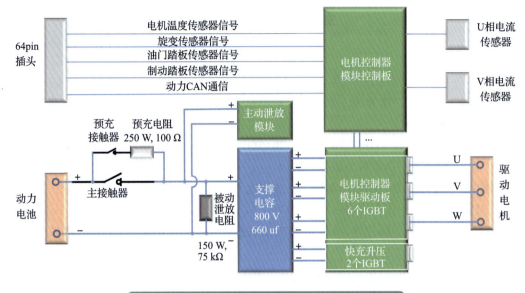

图 3-3-37 电机控制器模块的原理图

单元小结

1. 整车控制器(VCU)根据驾驶员意图发出各种指令,电机控制器响应并反馈,实时调整驱动电机输出,以实现整车的怠速、前行、倒车、停车、能量回收及驻坡等功能。

2. 电机控制器低压控制板监测电机当前的电流、电压、温度、转速、转子位置等信息,根据加速踏板位置传感器及挡位等信号解析驾驶员驾驶意图,进而控制下层的驱动板工作。

3. 全波整流不仅利用了正半周,而且还巧妙地利用了负半周,从而大大提高了整流效率。但全波整流变压器需要有一个两端对称的次级中心抽头,这给制作带来很多麻烦,而且这种电路每只整流二极管承受的最大反向电压是变压器次级电压最大值的两倍,因此需用能承受较高电压的二极管。

参 考 文 献

[1] 袁登科，徐延东，李秀涛. 永磁同步电动机变频调速系统及其控制 [M]. 北京：机械工业出版社，2015.

[2] 中国标准化委员会. GB/T 18488.1—2015电动汽车用驱动电机系统 第1部分：技术条件 [M]. 北京：中国质检出版社，2014.

[3] 中国标准化委员会. GB/T 18488.2—2015电动汽车用驱动电机系统 第2部分：实验方法 [M]. 北京：中国质检出版社，2014.

[4] 吴文伟，文玉良，陆建锋，等. 电力电子装置热管理技术 [M]. 北京：机械工业出版社，2016.

[5] 龚熙国. 高压IGBT模块应用技术 [M]. 杭州：机械工业出版社，2015.

[6] 孙力，田光宇，等. 汽车电力电子装置与电机驱动器手册 [M]. 北京：机械工业出版社，2013.

[7] 王震坡，孙逢春，刘鹏. 电动汽车原理与应用技术 [M]. 北京：机械工业出版社，2016.

[8] 周毅. 纯电动汽车电机及传动系统拆装与检测 [M]. 北京：机械工业出版社，2018.